哲学者たちが考えた100の仮説

100
Hypotheses
from the Philosophers

白取春彦
Haruhiko Shiratori

三笠書房

はじめに――とびきり上質な仮説を楽しむ本

仮説とは、何か明確になっていない事柄をわかりやすくしたり、それについて納得させたりするための一つの考え方である。わたしたちは、ふだんからたくさんの仮説を信じて生きている。

たとえば、「死ねばあの世に行く」というのは、一つの仮説にすぎない。しかも、根拠がどこにもない。

にもかかわらず、この仮説で安心する人もいる。もちろん、別の仮説、たとえば「死ねば無になる」という仮説や「死んだら生まれ変わる」といった仮説で安心する人もいるだろう。ただ、本当のところはどうなのだと訊《き》かれても、誰にもわからないし説明もできない。だから、不安はずっとつきまとう。

こうした問題は、「死」に関する話に限ったことではない。

たとえば、わたしたちは自分の「心」というものが何か少しもわかっていない。他にも、「幸福な人生」とは何か、「過去の記憶」は本当に正しいのか、「時間」とはいったいどういうものなのか……など、世界は「答え」のわからない問いや疑問で溢《あふ》れている。実のところわたしたちは、この世界のことについて、何一つわかっていないのである。

そのうえで、わたしたちはとりあえず何か一つの俗な仮説を信じながら、平気な顔を装《よそお》って生きている。

しかしながら、たいていの場合、一般的な人たちが信じている仮説というのは、宗教、神話、偏見、習俗、親族や学校教師の軽口《かるくち》、メディアの無責任な発言などから刷り込まれたものにすぎない。それらは根拠がなく、はなはだあやふやなものばかりだ。

そんなものを、なんとなく真実だとみなしてしまっていいのだろうか。

本書では、哲学を中心にしたさまざまな仮説の要点を紹介する。

それらの仮説は、どれも真実味がある。

ただなかには、一度読んだだけではすぐ理解できないような、難解な仮説もあるかもしれない。しかし、心配は無用だ。

なにしろ本書に書かれている仮説の一つひとつが、知性のある人々によって生み出された〝とびきり上質な思考〟の結晶であり、それらについて自分なりに考えたり、疑ったりすること自体が、思考の訓練になるからだ。またそれらは、自分の人生のさまざまな問題を解決するためのヒントにもなるだろう。哲学の力に、限界はないのだ。

白取春彦

目次

Part 1
快楽・幸福・功利についてのさまざまな仮説

Part 2 世界とはどういうものかについての仮説

Part 3 自分の知見や知識が揺らいでくる仮説

Part 4

心と体についての仮説

Part 5
古代中国で生まれたさまざまな仮説の思想

Part 6 時間をめぐる仮説とパラドックス

Part 7
霊魂についての仮説

本文ＤＴＰ　株式会社Ｓｕｎ　Ｆｕｅｒｚａ

Part 1

快楽・幸福・功利についてのさまざまな仮説

1 「最高の善」とは？

「今ここで手に入る肉体的快楽こそ善である」

――アリスティッポス

アリスティッポスは、道徳的行為の結果こそ幸福だとするソクラテスの思想に賛同しながらも、彼自身としては肉体的快楽を追求する思想を持つにいたり、その考えのとおりに生きたと伝えられています。

アリスティッポスは肉体的快楽こそ最高善であるとみなし、そのつど目前にあってすぐに手に入る快楽の満足を得ることを実践し、彼を師とあおぐキュレネ派の弟子たちにもそう教えました。そして悪とは、そういう快楽の対極にある苦痛のことだとしました。

この快楽とは、人生というスパンにおける快楽や幸福感のことではなく、ただ目前にある肉体的快楽のことです。しかしそれを得るためには、識見《しきけん》、克己《こっき》、節制《せっせい》が必要であ

紀元前435頃～前355頃　北アフリカのキュレネの生まれ。ソクラテスの弟子の一人。快楽主義をとなえるキュレネ派の始祖。

る、つまり賢さと自制心がなければならないといいます。

アリスティッポスは快楽を求めて生きることに長《た》けていて、どういう場合でもうまく立ち回り、どういう事情のもとでも、それなりの豪奢《ごうしゃ》な生活を楽しんでいました。

彼は独裁者や娼婦《しょうふ》ともつきあいましたが、自分の自由と独立を守るために政治には関わらないように用心し、市民であることも拒否し、人にも制度にも服従しないような生き方をしていたのです。

2 「永遠の幸福」を手に入れるには？

「幸福は徳《アレテー》の発揮によって得られる」

——アリストテレス

アリストテレスは『ニコマコス倫理学』で、人の意志や行動の究極の目的は幸福だと

紀元前384～前322
マケドニア王国の貴族の生まれ。プラトンの学園アカデメイアで学び、その後は自分が建てた学園リュケイオンで哲学を教える。

していますその幸福の条件とは、いっときの快楽や成功や幸運や心地よさではないこと、簡単には失われず、永続的なものであることです。

そして人間の能力が「徳」にもとづく場合のみ、幸福につながるとします。この「徳」はギリシア語でアレテーといい、人間をすばらしい状態にしてくれる特質、卓越性、有能性を指します。

といってもことさらに特別で得がたい能力というわけではなく、たとえば、理性的、温情的、勇気、忠誠、健康、気品、節制、創造性、友好、他者理解能力などといったさまざまなことをアレテーと一括《くく》りに呼んでいるだけです。

そして、これらのアレテーは身体的なものではなく、精神的なものばかりだという特徴が見られます。精神的なものだけれども知識の習得によるものではなく、習性や（学習を含めた）訓練で教えられ、つちかわれるものです（その領域をアリストテレスは倫理と呼んでいます）。

そういったアレテーが身につけば、その結果として快適な人生を送ることができるようになり、それを総じて幸福と呼ぶのだと、アリストテレスはいうわけです。

3 〝心穏やか〟に生きるための条件とは？

「快楽とは心の平安だ」

――エピクロス

エピクロスは、最高の善は幸福な生活であり、快楽とは心の平安だとしました。平安な心（ギリシア語でアタラクシア）に達するには条件が三つあります。それは、死への恐れをとりのぞいてしまうこと、最小限の欲望だけを満たすこと、友人を大切にすること、です。

具体的には、飢えない程度に食べ、渇かない程度に飲み、寒くない程度に着込み、世間や政治の騒がしさや誘惑から身を引いて、社会から遠い場所に隠れるようにして友人と住み、結婚せず、子どももつくらないような生き方をすることです。

特に友人は幸福のための重要な存在です。ちなみに、アリスティッポスのキュレネ学

紀元前341頃～前270頃　アテナイの植民地サモス島に生まれる。35歳のときにアテナイに共同生活式の哲学の学園を開く。

派（本書16頁参照）ではこれとは反対に、友情をよけいなものとしていました。

また、死んだときには意識がなくなって自分の死にさえ気づかないのだから、死を恐れる必要などないのだ、としました。エピクロスは、宗教に対してはまったく否定的です。

こうして初めて、心から動揺をとりのぞくことができ、永続的な心の平安が得られるというわけです。エピクロスはこの生活を実践しました。エピクロスの学園の前には「訪れる人はゆっくりしていきなさい、わたしたちの最高の善は快楽です」と記されていました。

なお、1776年のアメリカ合衆国独立宣言の最初にある人間の権利を述べる箇所、「生命、自由、そして幸福の追求」というフレーズは、エピクロスの言葉から採られています。

4 「心の迷い」をなくす方法とは？

「平穏な精神がほしかったら判断してはならない」

――ピュロン

ピュロンは、アタラクシア（本書19頁参照）を得るためには何事についても判断してはならないと説きました。

なぜならば、どんなことについても適正な判断をすることは不可能だからです。たとえば、眼前にあるものについて、それをどのようにとらえるかは人によって、また動物によってまったく変わります。物事にしても、それがいつもその形のままだとは限りません。ただ、物事は今ここにおいて今のように見えているだけにすぎないのです。

加えて、物事をとらえる知覚や感覚もまた容易に変わりうるものであり、見方のほうもいくらでも変わりえます。どんな主張にしても、黒とも白ともみなすことができるの

紀元前360頃～前270頃　古代ギリシア・エリスの生まれ。アリストテレスと同時代に生きた。著作がないため、弟子のティモンがその思想を伝えている。

です。したがって、確実なことを語るのは不可能になります。そこから何を読みとるかも人や立場によって大きく変わりますし、学説や教えなどはその時代や文化や政治によってがらりと変わります。

だから、あえて何事についても断定をせず、判断保留（エポケー）のままにしておくのが賢明だとピュロンはいうのです。それでも何かいわなければならない状況に置かれたならば、「わたしにはそう思われる」とか、「たぶんそうだろう」「そうともいえる」程度にしておくべきだといいます。

なぜ判断をしないかというと、そもそも物事に美醜、優劣、損得はないし、正しいものも正しくないものもないからです。ところが一般には物事がどうであるかという判断がなされ、それによって自分の態度を決めるのがふつうです。しかし、そのような判断はたんに社会の習慣やその時代の法、あるいは関わりがある個人の事情や好みに照らし合わせて勝手に決めつけているにすぎないのです。

だから、そういったことをいっさいやめれば、あらゆるこだわり、不安、価値をめぐる損失感などはおのずと消えることになります。同時に、今までのような思いわずらいや迷いがなくなり、そのことによって心の平安や幸福が得られるようになります。

ピュロンのこういう考え方には、アレクサンドロス大王（在位前336〜前323、幼いときにアリストテレスから学んだ）の（インド西部のパンジャーブ地方までの）東方遠征の軍に交ざって師のアナクサルコス（ギリシアのアブデラ出身の哲学者）とともにインドに行ったときに出会った賢者やヨガ行者たちとの問答の影響があります。

5 〝苦〟からどう逃れる？

「いっさいの生きとし生けるものは、幸せであれ」

――ゴータマ・シッダールタ

ゴータマ・シッダールタは「いっさいの生きとし生けるものは幸せであれ」と説いたと記録されています。この幸せとは、苦しみからの脱出のことであり、その脱出の道が実践を通じての悟りです。

紀元前5世紀頃と推定　北インドのシャーキヤ族に生まれる。覚者《かくしゃ》（ブッダ）となり、その言行から仏教が生まれる。

つまり、シッダールタは主体的な実践的認識である悟りこそ確実な幸せへの道とし、客観的な論理による認識は必要ではないとします。

この客観的な論理による認識とは、要するに自分や物事についてあれこれと整合するように考え、どうにか正答、あるいは妥当な考えに近づこうとすることです（これは哲学的な思考のことです）。

たとえばそれは、自分自身については次のような問題の答えを求めることとなります。自分は過去にも存在していたのかどうか。存在していたならば、どのような自分であったのか。未来にも自分は存在するのかどうか。未来の自分はどうなるのか。そもそも自分は今ここに確かに存在しているのか。自分は誰なのか。自分はどんな人間であり、どこから来てどこへ行くのか……。

世界などについても、人は客観的な論理による認識をしようとしてやみません。世界は永遠に存在するのかどうか。それとも、世界は有限なのか、無限なのか。生命と身体は同じなのかどうか。悟りを得た者は死後も存在するのかどうか……。

こういった疑問について、シッダールタは答えを与えようとはしません。それを「無《む》記《き》」といいます。なぜ答えないかというと、どのように答えたところでその答えは今ここに生きることの苦しさをやわらげないばかりか、さらなる疑問を次々と引き出してきて苦しみを増すばかりだからです。

それにかかずらっている間、悟りへの道からは遠ざかることになります。だからシッダールタは答えず、ただ悟るようにうながすのです。悟りとは、世界のすべてを受容し、そのことだけで自分が満ちる状態です。そこには、もはや苦しみはありません。

6 快楽は「計算」できるのか？

「できるだけ多くの人のための幸福を」

——ジェレミー・ベンサム

ベンサムは「最大多数の最大幸福」というフレーズで有名ですが、この文言《もんごん》はイギリスの科学者ジョゼフ・プリーストリー（１７３３〜１８０４、酸素の発見と炭酸水の発明

1748〜1832　イギリス生まれ。15歳でオックスフォード大学を卒業。世界各国のどこでも使える法典「パノミオン」を構想した政治哲学者。

で有名）の『政府の第一原理に関するエッセー』（1768）の「政府の役割は最大多数の最大幸福である」から採られたものであることをベンサム自身が書いています。（あるいはまた、スコットランドの哲学者フランシス・ハッチソンの『美と徳の観念の起源』（1725）に使われた表現だともされる）

すなわち、幸福とは何か、あるいは幸福とはどういう状態かということを哲学的に追究するのではなく、国の制度や立法の改革が最大多数の最大限の幸福を実際に生み出すようにするというのがベンサムの立場です。だから彼は、実際に法典の作成や社会改革の仕事にたずさわりました。

このように最大多数の最大幸福をモットーとするベンサムの思想は、功利主義と呼ばれました。原文はutilitarianismですから、これは効用主義と訳すこともできます。なんのための効用かというと、幸福を生み出す目的のためだというわけです。

そしてベンサムは『道徳および立法の諸原理序説』（1789）で、人の行為を決定するのは苦痛と快楽であり、その苦痛と快楽に善悪の基準が結びついているのだと説きました。たとえば、犯罪行為をする人にとって、悪いことをするのは快楽です。したがって、その人にとって悪事は善だというわけです。

なおかつベンサムは、そういった快楽や苦痛の数量化は可能で、かつ計算できるとしました。つまり、快楽や苦痛の強さ、持続性、確実性、遠近性、多産性、純粋性、範囲の特性の点から、数量化して計算したらいいのだというのです。しかし、こういう考え方はあまりにもがさつで、かつ利己的な考えだとして、各方面から批判されました。

その後、ベンサムと家族ぐるみで友好関係にあったジョン・スチュアート・ミルが、この功利主義をもう少しだけ洗練されたものにしていくことになります。

7 「より良い」快楽とは何か？

「質の高い幸福を」

――ジョン・スチュアート・ミル

政治哲学者、経済思想家、実務家、政治家であったミルが考える幸福は『功利主義

1806〜1873　イギリス生まれ。哲学者、経済学者だった父から英才教育を受け、東インド会社勤務後に下院議員。セント・アンドルーズ大学学長。

論』（1861）と『自由論』（1859）に表れていて、それによると幸福は社会の一般的な福祉を向上させるものだとしています。各人がそういう幸福の追求を営めるように法律という共通ルールを置くべきであり、そこには自由と個性の発揮が必要だというのです。

ベンサム（本書25頁参照）は快楽や苦痛の量にこだわっていましたが、ミルは質を強調し、質は量をしのぐと考えます。たとえば、快楽が幸福の一つであることは認めますが、受動的な快楽よりも能動的な快楽のほうが質的に高いとするのです。

またミルは、そのためにも教養と高い感受性を身につける必要があると説いています。それと関連させて、あの有名なフレーズ「満足した豚であるより、不満足な人間であるほうがよく、満足した馬鹿であるより不満足なソクラテスであるほうがよい」（伊原吉乃助訳）が『功利主義論』に記されます。

そして、幸福の重要な一要素として、各人の欲求を満たすためにそれぞれの個性を発揮させることを強調するのが、ミルの幸福論の特徴となっています。

ただし、個性の発揮と個人の自由は、他人の権利を害さない限りにおいて、また他人の伝統や慣習を破らない限りにおいて許されるものとしています。個性や才能の発揮は、結果的に社会全体の善、幸福に貢献するものとなるからです。

そしてもちろん、個性の発揮と個人の自由は、つい間違いを犯したりすることや失敗に終わることもありえます。それでもなお、「肉体的能力と同じように精神的道徳的能力も、使われることによってのみ向上する。ただ、他の人々がするからするというのでは、これらの能力は少しも訓練されない」（『自由論』早坂忠訳）のです。

8 「自己中」な人は、幸せになれるのか？

「独立した唯一の自己という考え方が幸福を遠ざける」

——バートランド・ラッセル

ラッセルの『幸福論』（1930）は、彼自身の経験と主観にのみもとづいたエッセイ的なものです。それによれば、幸福であるには自分にかまけないという態度がどうし

1872〜1970　イギリスの貴族の生まれ。ケンブリッジ大学教授。数学者、哲学者、平和運動活動家。ノーベル文学賞受賞。

ても必要だといいます。なぜならば、不幸の第一原因が自分のことへのこだわりだからです。

自己にこだわると、次のように考えやすくなります。自分は誰の助けも必要としないほど完全に独立している。自分は独特な個性を持った唯一の存在だ。自分ほど興味深い人間はいない。自分は競争の勝者だからリッチなのだ。いずれ自分はすべてを手にするだろう。

一方、本当に幸福な人たちは、そういうふうに自分についての関心が異様に強く自己自身にかまけるということがありません。そうではなく、自分の熱意を傾ける対象を自己の外に持っています。つまり彼らは、何かに熱意を注ぐことですっかり自分を忘れてしまう人々であり、この世界の興味深さに魅了《みりょう》されている人々でもあるのです。

なおかつ彼らは、その世界の物事に関わること自体を楽しんでいます。失敗や困難があっても、それに引きつけられているのです。手がけたことが完成しなくても、必要なのに足りないものがあってもあきらめたりせず、他人からは苦しみにも見える努力や献身によって喜びと充実を得ているのです。ただ、本人はそれが自分の幸福な状態だと気づいていない場合もあります。

一方、不幸な人は、安易で受動的な楽しみしか知らないのです。楽しみは与えられる、あるいは買いとるものだとすら思いこんでいます。その背景にあるのは、肥大しすぎた自尊心、自己の過大評価、権力欲、虚栄心、とほうもない野望、間違った思考などです。

そしてまた、世間との対立、周囲の人々との不和の溝が大きいのは明らかに不幸です。自分の生活圏《けん》にある人たちから自分の生き方が大筋において認められていなければ、人は幸福にはなれません。

また、自分から愛するという主体性がなければ、幸福は得られません。そして、ラッセルのこういった幸福論は、次の一行に尽きます。

「幸福な人とは、客観的な生き方をし、自由な愛情と広い興味を持っている人である」

（安藤貞雄訳）

9 なぜ人は「死」に魅了されるのか？

「快楽とは死という永遠の連続性への憧れだ」

――ジョルジュ・バタイユ

1897〜1962　フランス生まれ。国立古文書学校卒業。パリ国立図書館勤務。独特な思想を展開し、多方面にわたって評論活動、著述を行なう。

バタイユは晩年の著作『エロティシズム』（1957）で、快楽について独特な論を展開しています。それは哲学的に考察された仮説というより、バタイユ自身の当時の男性としての感性だけが認めるような価値から生まれた論、もしくはあまりにも（バタイユ自身の想像や妄想、趣味を根拠にした）文芸的な内容のものです。

バタイユによれば、人間（特に男性）の快楽（あるいはエロティシズムだと男性が主観的に感じるもの）とは、不連続な存在である自分が永遠の「連続性」を手にするときに感じるものだといいます。

この「連続性」という観念は、バタイユの人間観から生まれたものです。バタイユは、

「個々の存在はひとりで生まれ、ひとりで死ぬのである。ある存在と他の存在とのあいだには深淵《しんえん》があり、非連続性がある」（澁澤龍彥訳）と考えるのです。

要するに、人間は他の人たちとつながっておらず、それぞれが徹底的に孤独なのだという独特の人間観です。個々の人間の間には深淵が横たわり、どんな交流もないというのです。

しかしながら、そのような「非連続な存在である私たちにとって、死は存在の連続性という意味をもつものである」といいます。よって連続性をもたらしてくれる死は（連続性に憧れる人間にとって）とても魅惑《みわく》的なものであり、その死を瞬間において見せてくれるエロティシズムもまた、当然ながら魅惑的なものになるというのです。

なぜなら、性的な絶頂に達したときに、人は連続性を体感できるからです。それこそが快楽だというのです。そしてエロティシズムはその連続性を含んでいる「死の疑似体験」の機会なのです。

また、セックスのときに裸になるのは、（衣服で体を隠す）「閉ざされた状態、つまり非連続な生存の状態」に反することだからだとバタイユはいいます。

したがって、衣服を脱いで全裸をさらすこと、「それはいわば交流《コミユニカシオン》の状態、自閉の状態の彼方に存在の可能な連続性を求めんとする、交流の状態」であるわけです。だから、人間の性交は、明らかに動物の生殖行為とは異なっているのだとバタイユは強く主張します。

こういう独特な論の中でも現代の人たちに強い反撥心《はんぱつしん》をもよおさせるものの一つは、エロティシズムの本質は美しいものを穢《けが》すことだという(バタイユの趣味的な)主張でしょう。女性の美しい顔も美しい衣服の魅力もそれらが隠しているもの(女性器)を暗示しているからこそだ、というのです。

さらにバタイユは次のような主張もしています。

「問題は、この顔、顔の美しさを冒瀆《ぼうとく》することなのである。まず女の秘密の部分をさらけ出し、次にそこに男性器官を挿入することによって、この美しさを冒瀆するのである」

ゆえに、バタイユは美しくない女は男の性交意志を失わせるとまでいっています。

10
「幸福への道」は、なぜ困難か？

「現代人は幸福から遠ざかっている」

――ジグムント・バウマン

社会学者のバウマンは『幸福論』（2008　原題はThe Art of Life）で、現代においては、もはや人々が幸福を手に入れることが難しくなっていると説きます。なぜ幸福への道が困難かというと、すでにリキッド・モダニティの社会になってしまっているからです。

バウマンの社会学の造語であるリキッド・モダニティとは、「液状化した近代社会」という意味です。液状化という表現が使われているのは、1980年代頃までには確固な形あるもの（ソリッド）であった経済や社会の構造、伝統、秩序、道徳的価値、個と集団との絆、個人のアイデンティティの確立などが、形を崩して液状のようになってし

1925〜2017　ポーランド生まれ。ワルシャワ大学で社会学を専攻。ユダヤ人であったのでさまざまな苦難を受ける。ワルシャワ大学名誉教授、イギリスのリーズ大学名誉教授。

まったからです。

実際に1980年代以降、終身雇用は静かになくなり、派遣や非正規雇用、契約のない雇用、個人事業主（という名称のアルバイト）が多くなりました。労働の見かけの自由度が増えた裏では個々人が責任を負わなければならなくなり、その個人は組織、連帯、共同などのよりどころを失って不安定で孤独になるばかりか、各人が将来への展望といったものさえ見失ってしまう状況に置かれました。

そこから生じた連帯の喪失《そうしつ》はまた、人々の分断をもたらし、それは他者、組織、自己に対する信頼の欠如へとつながりました。

何事においてもグローバル経済が圧倒的な中心になるため、経済活動を縛りがちになる倫理はどこまでもゆるめられ、それによって経済的なもの以外の価値観までもが崩れてしまったのです。それらは行動の習慣や文化をも液状化させてしまうことになり、全体としてみれば社会の枠組みがなくなってしまっている時代が、現代のリキッド・モダニティなのです。

そういう時代の中での幸福とみなされがちなものは、（成功法を謳《うた》う浅薄なノウハウ本がよく売れているように）しばしば成功感情という通俗的なものになっています。あるいはまた、他のすばらしい（と映る）人たちとの絆を、その人たちが持っているブランド物や生活スタイルを自分も買ったり真似たりすることによって確かめて喜びを味わうという幻影的なものになっています。つまり、幸福感までもが液状化してしまっているのです。

本来の幸福感はそういうものではなかったはずだ、とバウマンはいいます。たとえば自分が（似たりよったりの大衆の一人ではなく、ニーチェのいう「超人」のように）他ならぬ自分であることをありありと感じるように生きて満たされる場合も、一種の幸福となります。

しかしながら、現代人はインターネットに溢れかえる情報の中で溺死《できし》寸前になりながら、世の（無責任な）趨勢《すうせい》がそのときに喧伝《けんでん》している状態の人間タイプにならなければならないという強迫観念を植えつけられているのです。しかも、その趨勢は無限に変化を続けているので、誰もその手前にさえたどりつけないようになっています。

そしてまた、グローバル資本主義にすっかり毒された現代人は、どんな幸福も持てる量のレベルでしか考えられなくなっています。つまり、より多い富、より多い自由、より多い歓楽、より上質の便利さ、実質的な力、高い地位や高い肩書、成功者であることというふうに、幸福はあたかも少量で高級な商品のようにみなされているのです。あるいはまた、さらに愚かな解釈がされている場合、幸福は、幸福な人が必ず手にしていると宣伝されている商品や手段を買うことだと思いこまれてすらいるのです。

バウマンはしかし、「もし、あなたが本性に従って人生をかたちづくるならば、あなたは決してみじめにはならない。もし世間の人々の考えに従うならば、あなたは決して豊かにならない」（高橋良輔・開内文乃訳）と述べた古代ギリシアのセネカ（本書39頁参照）のような、かつての哲人や賢人たちの考え方にあるものこそ、人間の幸福なのではないかとします。

その一つは、不朽のものをみずから表してみることです。たとえば、愛、共感、誰かに対して責任を持って生きること、などです。マルクス・アウレリウスならば、正直さ、自制、やさしさ、寛大さ、情念にとらわれないこと、などを勧めてきます。パスカルは、自分の部屋で静かにしていることを勧めています。

そういった生き方がなされるとき、人は（社会の経済構造の中にある、つかのまのちっぽけな存在としてではなく）本当の自分になり、そこから自分という作品、自己のアイデンティティをつくりあげることになるのです。

11 「幸福な人生」とは？

「幸福とは善を喜ぶこと」

――ルキウス・アンナエウス・セネカ

セネカの兄に宛てて書いた手紙の一部がセネカの幸福論（現在書籍としてまとめられているのは『道徳論集』や『人生の短さについて』など）と呼ばれるべき内容になっています。

まずセネカが強調しているのは、多数の人が賛成している世論には絶対に同調してはならないということと、他人の真似をして生きてはならないということです。

またセネカは、他人を見て評価することはしないともいいます。多くの人は、自分の眼を信じて、他人がどのように眼に映るかで立派だとか、幸せ者だとか判断するけれども、セネカはそうしないというのです。

紀元前1頃～65
コルドバ（現在のスペイン）の富裕な家の生まれ。ネロの幼少時の教育係。詩人、ストア派哲学者、政治家（のちに失脚）。

というのも、そこに善があるかどうかは眼ではわからないからです。セネカにとって善は幸福の要件なのです。

彼のいうところの幸福は、世間の人たちが想像しているところのものではありません。世間の人は、その場での欲望の充足、金銭を主として自分の得や力となるものをできる限り多く持つこと、快楽や官能への酔い、耽溺《たんでき》などを幸福に欠せないものとしています。

しかしセネカは、「幸福な人生は、人生自体の自然に適合した生活である」としています。

そのためには、心の健全さを持ち続けること、忍耐強く心配しないこと、運命の奴隷にならないことが必要だというのです。そういう幸福に通じる姿勢をもっと具体的に述べると、およそ次のようになります。

・自分の現状を変えず、自分に与えられた条件に向き合い、それに親しむこと。いつもの自分であることに満ち足り、自分をいつもコントロールすること。
・それが善であるならば、あとから変えることはないし、満足も後悔もないはずだ。
・善の生活にしたがい、楽しい生活にはしたがわないこと。

・（自分の中にある）自然にしたがって生きること。
・外から来るものに動じない。運命を軽視すること。
・最高の善は、最良の精神の判断そのもののうちにある。（物事の結果にではない）
・快楽に支配される程度の自己ならば、人生の労苦、危険、貧困などには耐えることができない。
・快楽が生じても、それは生活にたまにまざる小さな事柄の一つだとみなすこと。
・病気、死、身体不自由について驚いたり怒ったりしないこと。一般的に自分の力がおよぶべくもない自然の事柄について心を乱したりしないこと。
・自分の行ないは、もしそれが自分しか知らないことであっても、公衆の面前で行なわれるものだと考えること。

12 「どうにもならない」ことに、どう対処する?

「自由や幸福は、自分の権内にあるものを手がけることで得られる」

――エピクテトス

エピクテトスの生涯はくわしくわかっておらず、二行の詩以外何も書き残していないようですが、彼の語ったことが編纂《へんさん》され、それが現在では『語録』と『要録』というまとまりになっています。『要録』のほうは「人生指導の書」と呼ばれ、当時のキリスト教徒たちに広く読まれていたといいます。そこからエピクテトスの幸福論を読みとることができるので、次にだいたいの要点をまとめておきます。

・意見、意欲、欲求、忌避《きひ》といったものはわたしたちの活動であり、わたしたちの権内にある。肉体、財産、評判、公職といったものはわたしたちの権内にはない。

50頃～135頃　フリュギア(現在のトルコ)の生まれ。母親が奴隷だったため生まれながらの奴隷であったがストア派哲学を学び、ギリシア東部で哲学の学校を開く。

・わたしたちの権内にあるものは、わたしたちが自分の力で自由にできるものである。権内にないものは、自分ではどうにもできない、かつ、もろいものである。
・わたしたちが権内にあるものを手がける限り、自由や幸福が得られる。
・自分の権内にあるものを手がけることについて名人になれ。
・人を不安にさせるものはなんらかの事柄ではない。その事柄についての想像だ。
・悩みは想像なのだから、自分が紡ぎだす想像をコントロールしよう。
・何かが起こる。そして起こるままにさせておけば、落ち着いて暮らせる。
・問題をかたづけるために必要なのは、自制の力、忍耐の力、しんぼう強さである。
・失ったとは思わないように。返した、帰っていった、と思うこと。
・勝負に参加しなければ負けることがない。
・怒る人は、その人の中に湧いた考えや思いに対して怒っているのだ。
・世間的にありふれたことについては何も口にしないほうがいい。
・快楽をあれやこれやと想像していると、その想像に自分が食われてしまう。
・他人がしていることを採点しないこと。

13 「善良な人間」は、「幸福な人間」なのか？

「善き者であれ」

——マルクス・アウレリウス・アントニヌス

ローマ皇帝であったマルクス・アウレリウスもストア派の哲学者ですが、同じストア派のエピクテトスから影響を受けています。有名な著書『自省録』は彼自身に話しかけるような形で書かれたものです。そのうちから幸福と関係があって現代人にも響く記述をいくつか選んでまとめてみると次のようになります。

・わたしたちはみな、足、手、瞼《まぶた》、上と下の歯並びのようなものだ。つまり、互いに協力しあうために生まれてきたのだ。

・今すぐこの世から去る者であるかのように、考え、話し、行なうこと。

121〜180（皇帝在位161〜180）ローマ生まれの第16代ローマ皇帝。ストア派哲学者。

・誰もがたった今しか生きていない。だから、今を大切に生きよ。
・主観的判断をとりのぞけ。
・善き者であることが可能なうちに善き者であれ。
・善人にも悪人にもひとしく起こること、それは善くも悪くもない。
・ひどい悲しみに気高く耐えることも幸運である。
・飲み食いに限度があるように、休息にも限度がある。
・最良の復讐は、彼らと同じようにならないこと。
・今の自分こそ人生の最重要な事柄に関わっていると思うのなら、それはたぶらかされているということだ。
・死ぬときは、吸った息を吐き出して大気に戻す。日々の呼吸も同じ。
・すべては万物の連鎖《れんさ》とそれら互いの関係。それは神聖である。
・自分とともに生きるよう定められた人々には愛情を寄せなさい。
・自分の心を明るいものにしたいなら、ともに生活している人々の長所を思いなさい。
・薪《まき》が炎に変化するから風呂に入れる。食物が変化するから栄養をとることができる。すべては変化をなしとげる。同じように自分自身も変化すること。

・悩みは誰かから強引に与えられたものではない。悩みが出てくる場所は、ある事柄についての自分の判断や感情だ。
・書物による学習によって、傲慢《ごうまん》をつつしむことができるようになる。快楽や苦しみを超越することができるようになる。名声に超然たることすらできる。

14 「お金持ち」は、はたして幸福か？

「真の喜びは自分でいることから生まれてくる」

――エーリッヒ・フロム

フロムは『生きるということ』（1976　原題はTO HAVE OR TO BE?）で、人間の真の喜びと、真ではない喜びである快楽をまったく別のものとしてはっきりと分けています。

1900〜1980　ドイツ生まれ。ハイデルベルク大学で社会学、心理学、哲学を専攻。ナチス政権を機にアメリカに移住。アメリカとメキシコの各大学で教える。

真の喜びとは、「ある存在様式」から生まれるものであり、その対極に立つ快楽は「持つ存在様式」から生まれるものとされます。

なお、この場合の「ある存在様式」の「ある」とは、「或る」ではなく、「在る」という意味です。「存在様式」とは、その人のふだんの生き方、慣れ親しんだ生き方を意味します。

まず、さまざまな快楽としてフロムは、次のようなものをあげています。社会的に成功すること、できる限り多くの金を稼ぐこと、くじやレースなどに当たること、欲望をはたすという意味での性的快楽、飲み食いの快楽、ドラッグの快楽、サディズムの快楽、有名になることの快楽、ずっと執着していたものをついに自分の手で握ったという高揚感……。

このような快楽のときにともなうのは、ワクワク感、強い興奮、絶頂感、強烈な満足感や達成感などです。しかしフロムは、（真の）喜びはそういう興奮ではないし、瞬間的な忘我《ぼうが》の火でもない、といいます。「喜びはあ
ることに伴う輝きである」（佐野哲郎訳以下同）。

つまり、人間の真の喜びならば、そのときにはその人自身が成長する、あるいは「内

なる誕生」が起きている。要するに人間としての器が変わり、内的な力が増しているはずなのです。

そういう場合の喜びは、決して頂上に登りつめたという感覚ではなく、むしろ穏やかな高原に立っているという感じになります。

つまり、その喜びは「自分自身になるという目的に近づく過程において、私たちが経験するもの」なのです。それは自分が新しい人間になることでもあります。新しいとは、以前とはちがう自分という意味ではありません。たとえば、「持つ存在様式」から遠く離れた場所に立ち始めたという特徴などがあります。

一方、「持つ存在様式」しか知らない人は、自分以外の人間、もしくは物によって人生に意味を与える、という生き方をしています。自分ではなく、外にある存在によって自分になんらかの影響が与えられるのです。それは、権力を持ってえらぶった態度になる、スポーツカーを持って特別な存在になったかのようにふるまう、資格や学歴を持ったことで特別あつかいされることを要求するなど、ふだんからいくらでも目にします。

その「持つ存在様式」しか知らない人は、人間関係においてならば、「私は誰々という人を愛している」とは考えず、「私は誰々という恋人を持っている」というふうに

「何を持っているのか」というレベルで考えることしかできません。経済的価値を上位に置く資本主義が強化され、人間がすっかり道具化されてしまったことに疑問を持たなくなった現代で流行するようになった表現「カレ（カノジョ）をゲットする」は、まさしく「持つ存在様式」の人の感覚表現なのです。

そういう人と反対側に立つ、新しい人間の特徴は次のように多々あります。

・いつも自分であることとの安心感と自信。
・物、地位、状況などに執着しない。
・思いやりと分けあいを喜ぶ。
・幻想、憎しみ、貪欲さがない。
・ナルシストではない。
・（問題から逃げるためではなく）打開策のために想像力を使う。
・無邪気であっても単純ではない。
・自己が他の生命と一体であると知っている。
・野心がない。

・十全に生きている。

15
人間にしか〝味わえない〟幸せとは？

「想像力が幸福をつくる」

――ブレーズ・パスカル

ヘクトパスカルの単位やパスカルの定理で世界的に有名なパスカルが遺した多数の断章が死後に『パンセ』（1670）としてまとめられ、その中にパスカルの幸福についての考え方や皮肉がちりばめられています。その一部は次のようなものです。

・幸福な人は気晴らしなどしない。気晴らしそのものが依存的なものだから。
・想像力は、美や正義や幸福をつくる。

1623～1662　フランス生まれ。自然哲学者、数学者、物理学者、実業家。

・ピレネー山のこちら側では真理であるものが、ピレネーの向こう側では誤りになる。
・たくさんの領土を獲得したところで、自分は自分以上のものにはなりえない。
・神秘的なものも、不可解なものも、現に存在している。
・人は理性にしたがって行動しないものだ。
・宗教は人間の欠点をよく知っている。
・人は神が何であるかを、自己流に解釈して決めつけている。
・煉獄《れんごく》の苦痛の最大のものは、神による審判が未決定だということだ。
・外面的なものというのは、それに見合った内面的なものがなければ無効である。
・人にとって唯一の幸福は神であり、豊かな土地ではない。
・ほんのわずかなことがわたしたちを苦しませる。そして、とてもわずかなことがわたしたちを慰めてくれる。
・誰もが、どんな職業にも向いているものだ。
・騒ぎが好まれるのは、自分の不幸な状態から考えをそらしてくれるからだ。
・隠れた美しい行為こそ、最高の値打ちものである。
・人間はまったく動物である。

16 「他人からの評価」よりも、大切なものとは？

「自分がどんな人間であるかが生きる意味を与える」

——アルトゥール・ショーペンハウアー

人に生きる意味、つまり幸福を与える要素として、ショーペンハウアーは一般向けの著書『人生の知恵のための警句』（1851　原題はAphorismen zur Lebensweisheit）で次の三つのものをあげました。一、自分がどんな人間であるか。二、自分が何を持っているか。三、他人から自分がどう見られているか。

ショーペンハウアーは、この三つのうち、うしろの二つをとるにたらないものとみなします。なぜならば、その二つは比較や印象によって多いだの少ないだのといった判断がされる相対的なものにすぎず、自分の手に入るかどうかは偶然によることが多く、また、いくらでも変化増減しうるものにすぎないからです。特に、他人からどう見られて

1788～1860　ダンツィヒ（現在のポーランドのグダニスク）の国際商人の家の生まれ。ゲッティンゲン大学で医学と哲学を学び、イエナ大学で学位取得。ベルリン大学私講師。

いるかということなどは、もはやまともな価値などではなく、他人のふわふわした意見の中にしか存在していないものです。

よってショーペンハウアーは、おのれ自身の幸福にとって最重要なのは自分がどうであるかということのみだと断言します。

その人自身であるもの、その人自身に備わっているものは、その人が孤独になってもつきしたがい、誰からも奪われることがないものです。それはその人の本質であり、どういう状況にあっても活動し、一生を通じて変わらないものです。だから、そういうふうに自分であることから誰も逃げることはできないのです。

その考えからショーペンハウアーは次のような幸福のための生き方を導き出します。自分を生かすような努力と仕事をし、いつもの自分の人格でいることからできる限りの利益を得るようにすること。より自分が自分らしく活躍できるように自分を鍛えること。そういう自分に見合った職業につき、自分らしい生活のスタイルを貫くこと。

Column

思考実験No.1

「テセウスの船」

「部品をあれこれ替えた船はもとの船と同じ船だといえるのだろうか」

プルタルコス
50頃〜120頃　アテナイの裕福な家の生まれ。数学、自然哲学を学び、50歳を過ぎてから227冊におよぶ英雄伝、伝記、エッセイを書いたという。

ギリシア神話に登場するアテナイの王で国民的英雄とされているテセウスの伝記の第23章で、プルタルコスはこのように書いています。

「テセウスが若者たちと一緒に乗って出帆《しゆつぱん》し、無事にもどって来たその三十橈船（引用者注・三十のオールがついている船）は、ファレロンのデメトリオスの時代に至るまでアテネ人が保存していた。彼らは古い木材を取り去り、その代わりに別の丈夫《じょうぶ》なのをあてがってもとどおりに組み立てたので、この船は哲学者たちの間で、成長をめぐる未解決の論議の一例となった。すなわち、ある者は船は同じままであるといい、ある者は同じままではないというのである」(太田秀通訳)

いったい「同一性」(アイデンティティ)とはどういうことを意味しているのかという、まだ解明されていない問題について、プルタルコスのこの記述が世界で最初のものだとみなされています。この思考実験は「テセウスの船」と呼ばれていて有名です。

しかし、「テセウスの船」は、牛の頭をしたミノタウロスを成敗《せいばい》した怪力の英雄として有名だったテセウスの所有物の一つであった船なのか、たんにテセウスが乗っていた船という意味なのか、有名な転戦のときにテセウスが使っていた船なのか、テセウスが乗って戦っていたときのままの状態の材質をたもった船だという意味なのか、それともテセウスが指揮して建造した船という意味なのか、わからないのです。

こういうふうに、そもそも言葉の意味がはっきりしないまま使われていると問題が出てきやすくなるのは当然のことです。

それでもなお、わたしたちが何をもって同一とみなしているのかという点を問題の重点にするならば、これはわたしたちがいつも自分自身であるという感覚の根拠をどこに置いているのかという難しい問題へとつながっていきます。それについては、アニル・セス（本書135頁参照）の考え方がおおいに参考になるでしょう。

Part 2

世界とはどういうものかについての仮説

17 「世界」は、何からできている？

「世界はアトムから成り立っている」

——デモクリトス

紀元前460頃～前370頃 古代ギリシアの都市・アブデラ生まれ。自然科学、数学、医学、天文学、音楽、詩学、倫理学を知る博学者であり、「笑う人」と呼ばれた。

師のレウキッポス（前435頃 ミレトスの生まれ）から原子論を受け継いだデモクリトスは、世界にあるすべてのものは最小の粒子からできているとしました。この粒子とは「原子《げんし》」（atomon）であり、ギリシア語で、「分割できないもの」という意味です。

この原子は最小単位であり、変化することがありません。生まれることも、なくなることもありません。原子は何もない空虚《ケノン》（kenon）を自由に動き回り、互いに衝突し、そのときに新しい原子配列をつくります。そうやって、世界に物が生まれてきます。そしてその前に、世界は原子の渦巻きの中から生まれてきたのです。

人間の魂は、火の原子から成り立っているとします。また、わたしたちが何かを知覚することも原子で説明されます。物から飛び出してきた原子が人間の感覚器官にその物の像としてみずからを刻印するため、そのときに知覚が生まれる、というわけです。

またデモクリトスは、人生の理想的な状態は快活の心境だといいます。なぜならば、快活こそ魂を構成する原子が乱されない状態だからだというのです。

デモクリトスのこういう哲学は、機械論的唯物論《ゆいぶつろん》と呼ばれ、17世紀以降の物理学の発展に大きな影響をもたらすことになります。

18 「真理」は存在するのか？

「イデアこそ真の存在である」

――プラトン

プラトンは『国家』『パイドン』『パルメニデス』などの著作の中で、しばしばイデア

紀元前427〜前347 ギリシアのアテナイ生まれ。レスラー、哲学者。ソクラテスの弟子の一人。学園アカデメイアを開き、哲学を教える。

について述べています。

イデアとは「見る」という意味のギリシア語動詞のidein《イデイン》に由来した「見られるもの」(つまり、形のこと)という意味であり、プラトンの思想にあっては真理とか真実(の形)という意味で使われます。

なぜそうした意味で使われるかというと、イデアこそ純粋な形、真の姿だからだというのです。逆にいえば、この世にあるものは純粋ではなく真の姿でもない。すごく美しいものであっても、やがては変化して美しくなくなっていきます。だからといって、美そのものが美でなくなることはありません。美そのものがイデアだからです。そういう意味で、真、善、美はイデアなのです。

またその他に、勇気、正義、気高《けだか》さ、など多くのイデアがあります。馬のイデアもあり、三角形のイデアもあります。三角形のイデアは現実の三角形とは異なり、完全に精確なものです。こうしたイデアは永遠に変わることがなく、不生不滅《ふしょうふめつ》の存在なのです。

そうすると、イデアというのは結局のところ抽象観念ではないかと思えてきます。しかしプラトンは、イデアこそ真に実在しているものだといいます。イデアはあの世にあり、人間はあの世にあったイデアを思い出し、それと眼前のものを比べて美しいとか正しいとかを判断しているのだというのです。つまり、イデアは感性の基準だというわけです。

なお、イデアは英語のアイデア（idea 観念という意味）と同じスペルになっていますが、プラトンのイデアの英語訳は「形」（form）です。イデアに観念というニュアンスはなく、「原型」を意味しているからです。

19 人間の〝限界〟とは？

「わたしたちは物そのものを直接に知ることができない」

――イマニュエル・カント

カントの『純粋理性批判』（1781）によれば、わたしたちは世界のそのままの姿を知ることができません。なぜならば、わたしたちがふだん目にしている世界（と思わ

1724〜1804　プロイセン王国のケーニヒスベルクの革具職人の家に生まれる。数学、哲学を専攻として学び、ケーニヒスベルク大学の哲学教授。

れているもの）は「現象」（フェノメノン）にすぎないからだ、とカントはいうのです。「現象」とは、知覚を通じて感覚されることによってわたしたちに映ってくるもののことを意味します。

たとえば、蜃気楼《しんきろう》は現象です。蜃気楼は船や街があたかも遠くに浮いているかのように見せます。その光景がわたしたちの目に映っているということから、その遠くの場所に船や街が実際にあるかのように思ってしまいます。それはつまり、現象を現実だとわたしたちが誤解してしまうということです。

そのような「現象」の背後にあるはずのものを、カントは「物自体」（ヌーメノン）と呼びます。この「物自体」が世界そのものにちがいない。しかし、わたしたちは「物自体」を直接的に知ることができない、とカントはいいます。なぜならば、わたしたちの知覚の仕方には限界があるからです。

カントは、人間が何かを知覚するときに使うのは理性であり、その理性は「或る種の概念および原則の根原をみずからのうちに含んでいる」（篠田英雄訳）ものだといいます。つまり、理性は知覚するときの枠組みを持ったものだというわけです。

ですからここでの理性とは、わたしたちが「もっと理性的になって」などと他人をたしなめるときに使っている理性の意味ではなく、認識の能力を備えたものという意味で使われています。

理性のその知覚と認識の枠組みは、12のカテゴリーを持っています。それは、①量（単一性、多数性、全体性）②質（実在性、否定性、限界性）③関係（実体性、因果性、相互性）④様態（可能性、現実存在、必然性）です。

これらのカテゴリーは、12の限界のことでもあります。ですからわたしたちは、これらのカテゴリーに収まらないものについては、知覚も認識もできないのです。たとえば、神、自由、宇宙、時間等々についての事柄は、このカテゴリーの限界を超えています。

要するに、わたしたちが眼前に見ているものは、この12のカテゴリーにあてはまった部分だけにすぎず、それが「現象」と呼ばれているものなのです。わたしたちに知覚されない「物自体」は、その現象をはるかに超えている可能性があるわけです。

したがって、「人は物そのものを直接に知ることができない」のです。

20 「歴史」に終わりはあるのか？

「世界の歴史は絶対精神の現れである」

――ゲオルク・ヘーゲル

その著作の中でもひときわ有名な『精神現象学』（1807）でヘーゲルは、世界は精神が展開する場だと述べています。

ヘーゲルがいうこの「精神」とは、現代のわたしたちが考える精神のことではなく、だんだんと成長していく一種の怪物じみた生き物のようなものです。

ヘーゲルによれば、精神は、それが個人の中にあるときは「主観」として働きます。そこに知識や経験が加わると、主観は「理性」へと変化し、その「理性」がさらに高度になると「客観的精神」になります。この客観的精神が、やがては法、倫理、国家という形になるのです。

1770～1831　神聖ローマ帝国のシュトゥットガルト生まれ。チュービンゲン大学で学ぶ。個人指導の講師をへて、ハイデルベルク大学哲学正教授、ベルリン大学総長。

その客観的精神が「絶対精神」にまで高まると、芸術や宗教として現れるようになり、最後には「世界精神」の段階にいたります。そうすると、歴史を動かす力そのものとなる、というのです。したがって、世界の歴史というのは、実は時間のうちに現れてきた精神そのもののことだ、とヘーゲルは考えるのです。

では、歴史に終わりはあるのでしょうか。ヘーゲルは、歴史の究極の目的は自由だといいます。世界精神が自分の自由を自覚したとき、歴史は終焉《しゅうえん》を迎えるというのです。

これは哲学用語をふんだんに取り入れた奇怪なファンタジーと嘲笑《ちょうしょう》されてもおかしくない仮説でしょう。また、その発想の根はおそらく、通俗的なキリスト教の終末論である可能性があります。

しかし、ヘーゲル自身としては、自分こそが世界の真理を明かしているのだと本気で思っていたのです。

21 争いの〝根源〟とは、何か？

「世界は意志に満ちている」

――アルトゥール・ショーペンハウアー

ショーペンハウアーは主著『意志と表象としての世界』（１８１９）で、世界についての独創的な仮説を立てました。それは、世界とは意志の表象だ、というものです。これは、世界とは意志というものが放ったイメージだ、という意味です。

これがなんだかおかしな表現に思えるのは、意志は何かに対する強い意欲のことだけを指すと現代のわたしたちが考えているからです。しかし、ショーペンハウアーがいうところの「意志」とは、あらゆる欲望、自然的なエネルギー、力、意欲のことを指していて、それ自体で動いているものなのです。

そこには嵐や雷といった気象ばかりではなく、生命力、衝動、動物の本能まで含まれ

※52頁を参照

ています。そのため、原文のドイツ語（Wille《ヴィレ》）では意志は複数形となっています。

もちろん、人間の体もまたこの意志の一つです。ショーペンハウアーによれば、「身体全体が客観化された意志、すなわち表象になった意志にほかならない」（西尾幹二訳）のです。

この意志は盲目的なものだとショーペンハウアーはいいます。ただ自分が生きのびて存在するためだけに激しく争うからです。それは細胞の戦いにおいても、人間の戦いにおいても同じです。ヘーゲルは歴史の進歩を説きましたが、反ヘーゲルの立場のショーペンハウアーによれば、歴史とはたんなる無数の意志の争いの変化の模様でしかないのです。

戦わなければいけないから、生きることには苦痛がともなってきます。ですから、人生が苦しいのは当然のことなのです。この苦しみから脱するためとして、ショーペンハウアーは二つの道を提示しています。一つは音楽などの美的鑑賞です。このとき、人は意志の力からいっときだけでも逃れることができます。

もう一つの方法は、自分の中にある意志をいっさいがっさい消してしまうことです。そのための実践は、涅槃《ねはん》（あらゆる煩悩を棄《す》てて、悟りを体験し、すべてを同一だと見ること）の境地に立って慈愛を行なうことです。

22 我々の社会は、どのように変化していくのか？

「資本主義社会が淘汰されて共産主義社会に発展するのが世界史である」

——カール・マルクス

社会主義的な『ライン新聞』のジャーナリストであったマルクスの書いたものが、はたして哲学書といえるのかどうかは疑問ですが、『経済学批判』（1859）や『資本論』（1867）を論拠として、共産主義革命が世界の各地で起こりました。そしてソヴィエト連邦という共産主義国家と多くの小さな共産主義国家が実際に生まれましたが、現代人が知るようにその後は独裁主義国家に変わってしまいました。

マルクスの思想を一口にすると、社会に変化をもたらすのは経済と物質的な生活のあ

1818〜1883　ボン大学で法律を、ベルリン大学でヘーゲルから哲学を学ぶ。イエナ大学で哲学博士号取得。国籍を棄て、ロンドンでの亡命生活の中で『資本論』などを書く。

りかたであり、労働を搾取《さくしゅ》する生産手段を持つ資本主義社会はやがて淘汰《とうた》（チャールズ・ダーウィン1809〜1882の進化論の用語）され、自由で平等な共産主義社会に変わっていくというものです。それが、歴史の弁証法的発展だというのです。

ここでマルクスが使う場合の弁証法とは、ヘーゲルの弁証法のことであり、物事はその内部の矛盾や葛藤《かっとう》といった要素によって新しい形へと変化していくという考え方のことです。

マルクスはこの弁証法にあてはめて、資本主義社会の内部に矛盾と葛藤（労働者階級と資本家の収入の大きな格差などの階級間闘争）が見られることから、その社会形態が新しい形としての共産主義社会に変わっていくと確信するのです。

マルクスのこの思想の根底にある歴史の発展という考え方は、学生だったマルクスが授業を受けていたヘーゲルの考え方（本書64頁参照）の受け売りであり、ヘーゲルの思想から宗教や精神の要素を抜き去って、経済関係のみにしぼったものです。

マルクスは生産や消費の流れなどの物質によって社会を決定づけており、これを唯物論的歴史観と呼びます。法律や文化の場合も、その土台には物質的な生産と消費があると考えるのです。

また、マルクスはダーウィンの進化論から強い影響を受け、社会もまた進化発展するという世界観を持つにいたりました。実際に、マルクスはダーウィンに『資本論』を献本しています。それゆえマルクスの思想は、社会ダーウィン主義とも呼ばれています。

しかし、ダーウィンの「進化論」は生物の進化についての研究（『種の起源』１８５９）であって、社会の構造や変転とはいっさい関係がないものです。

23 この世界に、「私」は存在するのか？

「この世界には自分しかいない、という独我論者は世界のどこに自分を置くのか」

――ルートヴィヒ・ヴィトゲンシュタイン

独我論《どくがろん》（英語ではsolipsism《ソリプシズム》）とは、この世界のありとあらゆるもの、そしてこの世界に住む他の人々は、実はこの自分から生み出された現象にすぎず、この世界には本当は

1889〜1951　オーストリア＝ハンガリー帝国の財閥の生まれ。ドイツとイギリスの工科大学をへて、戦争に従軍したのちにケンブリッジ大学に入学。50歳で哲学の教授。

自分一人しか存在していないのだ、と主張することです。

では、その独我論者が死んだ場合、その世界は消えてしまうのでしょうか。

もし、その独我論者が死後の世界というものを考えていたとしたら、その死後の世界に独我論者は行くはずです。あるいは、輪廻転生《りんねてんしょう》することもできます。要するに、すべてが自分から生み出された自由自在な幻像なのです。ですから、どうなろうとも、なんの矛盾もありません。突然の事態が現れたとしても、それもまた自分が生んだ幻像だということになるからです。

そういう独我論者の特徴を、ヴィトゲンシュタインは『青色本』（1958　死後に編纂、出版）で次のように表現しています。〝ただ自分の経験のみが本当のものだ〟と主張する人、〝何が見えていようとも、それを見るのは常に私である〟と確信している人、〝私が見るものだけが本当に見えているものである〟と主張する人が独我論者です。

そこでヴィトゲンシュタインが指摘するのは、独我論者はそういうふうにして世界全体を見ていると主張しているが、ではその独我論者自身はいったいその世界のどこにいるのだろうか、ということです。

もし、独我論者が自分の位置から自分の視界で見ている景色がこれだと述べるのなら、それは他人もまた別に実在していて、その他人なりに景色を見ていることになります。

しかし、独我論者はそのようにいうことはなく、本当に見ているのは自分だけだと主張しているのです。他人とは、あたかもその他人が景色を見ているかのように独我論者自身から生み出された幻像でしかないからです。

とすると、その独我論者自身は、自分が見ているその世界の中にはいないということになります。彼はその世界を生み出す「大きさのない点」のようなものだからです。

また、独我論者はみずからを「私」と呼ぶこともできなくなります。なぜなら、「私」という呼称は、みずからについて他人とは別の存在だということをきわだたせるために使われて初めて意味が生まれるものだからです。したがって、独我論は無意味であり、病的でもあるのです。

なお、『岩波 哲学・思想事典』では独我論的側面を持った哲学者としてデカルト、バークリー、フィヒテ、シュティルナー、フッサールらをあげています。

デカルトは自分の思考以外のいっさいの存在を疑わしいものとし、バークリーは知覚されないものは存在しないといい、フィヒテは現実のいっさいを創造するのはわたしたちの精神だといい、シュティルナーは自我以外のすべてを空虚な概念と決めつけ、フッサールは客観的な実在に対する判断をいったん停止するからです。
また、各時代各地のいわゆる新興宗教の教祖たち、16世紀の有名な宗教家ジャン・カルヴァンなどもまた独我論者である可能性が高いといえます。

24 「人間らしさ」とは、何か？

「現代の人間は世界から疎外されている」

——ハンナ・アーレント

アーレントは主著の一つ『人間の条件』（1958　原題はThe Human Condition）において、人間の基本的な活動力を三つの様態に分類した仮説を立てて、現代世界ではその三つの様態がすっかり変わってしまったという論を展開しています。

アーレントが基本的だとみなす人間の活動力の三つの様態は次のようなものです。

1906～1975　プロイセン王国に生まれる。ドイツ各地の大学で学び、ユダヤ系だったのでアメリカに亡命。アメリカの各大学の哲学教授。全体主義を糾弾《きゅうだん》する政治哲学。

・労働（labor）—生命を維持するための行動
・仕事（work）—何かを制作して残す行動
・活動（action）—他の人間との間で言語によって行なわれる行動

最初にある労働は、栽培、狩猟《しゅりょう》、生産、食物の調達などのことで、古代ギリシアの各家庭では奴隷が主にになうものでした。労働は人間の生命維持の土台となります。

仕事とは、あらゆる意味での制作を指します。家を建てるのも、工夫された道具類をつくるのも、栄養と味覚を充《み》たす料理をつくるのも、思考や記録を書き残すのもこれに含まれます。技芸、芸術も仕事です。

どんな仕事であっても（非自然的なものであるから）「人工的」世界をつくりだします。人間は人工的世界の中にのみ安住できるのです。その意味で、それぞれの仕事によって生み出された制作物は、人間の人工的世界の中に残っていきます。

活動とは、「物あるいは事柄の介入なしに直接人と人との間で行なわれる唯一の活動力」（志水速雄訳）のことで、具体的には、会議、討論、交渉、相談、政治などのことです。

これらさまざまな活動によって、人間は自分と他人がいかにちがうかを現実に知ることになり、また自分の意見をいうことによって自分というものの正体があからさまに知られ、同時に他人がどういう人間であるかをも知ることになります。そこから新しい関係性も生まれてきますし、そういう活動ができることによって、人間は自由や平等を体験することになります。自分一人だけではそうはならないわけです。

したがって、仕事、そして活動は、人間がおのれの創造性を発揮することに他なりません。それは人間が人間らしくこの世界に生きることを意味します。

ところが現代においては、労働と仕事の見分けがつかなくなり、仕事と呼ばれているものの実質が労働になってしまって（つまり、何か具体的なものを制作するのではなく、たとえばただ機械を操作する労働にすぎないものになって）います。つまり、食うための賃金を得るためだけに労働をしている人が圧倒的に多くなってしまうという、労働の上位化が起きてしまっているのです。

他人との言論を交《か》わす政治活動においても、損得関係、功利主義、権威、一律的な世界観、などに支配されてしまった結果、自由性と創造性と個性がなくなってしまっています。これはまるで、一種の全体主義に覆われてしまっているような状況です。

こうした制限された状況を、アーレントは世界の疎外《そがい》化と呼んでいます。つまり、現代において人間は、人間らしく生きられなくなっているというわけです。

25 「世界」は、本当に存在するのか？

「たった一つの世界など存在しない」

――マルクス・ガブリエル

マルクス・ガブリエルは『なぜ世界は存在しないのか』(2013)で、世界なるものは存在しないと主張しています。というのも、「存在」(Existenz《エキステンツ》)するということを「そこにある」(es gibt《エス ギブト》～)という素朴な意味ではとらえていないからです。

何かがそこにあるためには、必ず背景が必要です。背景というのは、意味を生じさせ

1980～ 西ドイツ生まれ。各地の大学で哲学、近代ドイツ文学などを学び、ハイデルベルク大学で博士号取得。ボン大学教授。

る場のことです。

たとえば、株券や高価なアメリカ大リーガーの人気トレーディングカードは灼熱の砂漠地帯においては存在しません。日本のヤンキーは都市の郊外には存在しますが、永田町や銀座、戦場にはヤンキーとして存在しません。暗号資産はコンピュータネットワークの場にしか存在しないし、小説は読まれている時間の中にしか存在しません。

すなわち、ガブリエルがいうところの「存在」とは、それが意味あるものとして現れるということを指します。ゲームの盤はゲームが展開される舞台というだけでなく、ゲームをそもそも意味あるものとしている場なのです。

そういうふうに、さまざまなものが意味の場にそれぞれに存在しているのですが、それらの意味の場となっている世界だけは、世界の背景となる意味の場がないのです。したがって、世界は何か意味あるものとしては存在しない、という結論になるのです。

26 この世界で、「変わらないもの」とは何か？

「普遍は、現実の個物とは別の世界にある」

——バートランド・ラッセル

本書の59頁で述べたイデアについて、ラッセルは、さらに具体的で独特な説明を『哲学入門』（1912　原題は『哲学の諸問題』The Problems of Philosophy）で行なっています。

ラッセルはプラトンのイデアを解釈し直し、イデアとは要するに純粋な本質のことだとします。

そして、純粋な本質なのだから、イデアという誤解されやすい名称の代わりに「普《ふ》遍《へん》」（すべてのものに共通していること）と呼ぶことにするというのです。

わたしたちが感覚でとらえているものは、すべて現実に存在している個物です。その

※29頁を参照

多くの個物に共有されているものが普遍です。

たとえば、「この白い犬」という表現の中では、「白い」が普遍です。つまり、白のような形容詞、個物を指さない場合の名詞、前置詞、動詞はみな普遍だということになります。そして、どんな短い文章であろうとも、少なくともこれら普遍を表す語を一つ使わなければ、文章はつくれないことがわかるでしょう。

たとえば、「〝私はこれが好きだ〟のような言明《げんめい》があるが、これにしても〝好きだ〟が普遍を表示している」（高村夏輝訳）のです。

では、次の二つの文ではどれが普遍にあたるでしょうか。

「私は部屋の中にいる」
「エディンバラはロンドンの北にある」

最初の文では、「中にいる」というのが、次の文では「の北にある」が普遍を表示しています。

これら普遍は、思考から独立した世界に属している、とラッセルはいいます。普遍は個物とも物理的世界とも関係がなく、心で把握することもできないからです。

そしてまた、思考や感情をも含めた現実の個物は、必ず時間の中に存在しています。ところが、普遍だけは、時間の中に存在していない、時間の影響を受けていないのです。そうして、普遍は現実の中では個物のようには存在していない。しかしながら、普遍は「あり」、わたしたちに利用されています。

だから、ラッセルは普遍については、「存在する」(existing)ではなく、「存立する」(subsist)とか「ある」(have being)というべきだろうとします。

そして、この普遍の世界(論理や数学など)は不変であり、いつも厳密、正確です。一方、個物は時間の経過につれて変化をし、生まれたり滅びたりするのです。

27 「物と心」の区別に意味はあるのか？

「世界は出来事(events)から成り立っている」

――バートランド・ラッセル

ラッセルは『現代哲学』（1927　原題は『哲学のアウトライン』An Outline of Philosophy）で、物と心がまったく別物だとみなされてきたことを克服しようとします。その克服の方法は、物と心はどちらも「出来事」なのだと認識することです。

この「出来事」とは、原文eventsの訳語です。しかしラッセルが「世界は出来事から成り立っている」と主張する場合の「出来事」とは、日常にときおり起こる何か目立った特別な事、異変、事件、問題といった一般的な意味ではありません。つまり、わたしたちがふだんの言葉づかいで「出来事」と呼びならわしているものではないのです。

特定の色や音といったものをわたしたちは出来事とは呼びませんが、ラッセルはそれ

※29頁を参照

らを「出来事」と呼びます。たとえば、わたしたちは庭に出て木の葉の緑色を見ます。しかし、その緑色は、そこの木の枝についた葉にあるのではありません。それは、「その葉を見ている間、我々の脳の一定領域を占めている出来事」（高村夏輝訳）として存在しているのだとラッセルはいうのです。

要するに、わたしたちは外界の物質を眼という器官で知覚して緑色だと認識しているのではない、ということです。わたしたちが知覚（percept）しているのは実は「自分の脳の素材の一部」なのです。その葉の緑色を見ている間、その緑色が自分の脳の一定領域を占めていることをラッセルは「出来事」（events）と呼んでいるのです。

つまり、この「出来事」とは心的出来事なのであり、心的出来事は脳内で起きている出来事、知覚のためのデータの現れなのです。

緑色というデータがあり、さらに他のデータ（つまり、他の同時の「出来事」）があって初めて素材の量が充たされ、対象（この場合、葉っぱの緑色）というものが構成されていきます。

そうしてようやく、わたしたちはその緑色がその葉の色だと知覚できるようになるわけです。そのように脳内での構成の過程に用いられているデータの一つが、この場合だと緑色という「出来事」なのです。

こういうふうなラッセル独自の考察から引き出されるのは、今まで物、すなわち物質（と呼ばれてきたもの）とは自分の外にある何かではなく、実際には「出来事」を材料として脳内で論理的に構成されたものだということです。

物ばかりではなく、心という概念もまた、「出来事」から構成されて、あたかも存在しているかのように感じられるものとなります。すると、ここでこわれてしまったものがあります。それは、物をわたしたちが知覚しているという従来の考え方です。

だから、物理的なものも心的なものも本当はそこにはないというわけです。自分の内と外という分かれ目もありません。ただ存在しているのは「出来事」だけであり、つまり多くのその「出来事」から脳内で構成されているものであり、それこそが世界と呼ばれているものだというわけです。

ここにいたって、物と心という二元論（本書155頁参照）はまったく意味がなくなります。根本的なのはもはや物でも心でもないという意味で中性的（ニュートラル）であり、「出来事」しかないという意味で一元ですから、ラッセルはこれを「中性的一元論」だとしています。

28 我々は世界と、どう向き合えばいいのか？

「人間には二つの世界がある」

――マルティン・ブーバー

ブーバーは一面で人生哲学者とでもいうべき人で、彼の名著とされる『我《われ》と汝《なんじ》』の次のような書き出しは印象深く、たいへん有名なものです。

「ひとは世界にたいして二つのことなった態度をとる。それにもとづいて世界は二つとなる」（野口啓祐訳）

ブーバーがいうところの世界とは、わたしたちそれぞれの日常的な生活世界のことを指します。その生活世界がどうであるかを決めるのは、ひとえにわたしたちの態度のあ

1878〜1965　オーストリア＝ハンガリー帝国生まれ。ドイツ語圏の各大学で哲学、美術史を学ぶ。フランクフルト大学教授、のちにヘブライ大学教授。聖書のドイツ語訳をした。

りようだというのです。

その一つ目の態度は、物事や人に対して「我―汝」の関係になることです。日本語翻訳では古語の「汝」となっていますが、ドイツ語原文はDu《ドゥ》です。このDuは親しい相手にのみ向ける呼びかけの言葉です。ふだんから人や物事にDuの親しみや大切さを持って相対《あいたい》しているならば、それが「我―汝」の関係です。それは互いに嘘や演技のない誠実な関係をつくります。

二つ目の態度は、「我―それ」の関係です。これは相手や物事を道具や機能として利用する態度です。ビジネス、社交、交渉はもちろんこの関係がほとんどであり、組織における地位を利用しての立ち回りも「我―それ」の関係そのものです。

家族に対しても、「我―それ」関係の人がいるものです。その関係はやがて、生活と人生をすさんだものにしてしまいます。

しかし、誰もが「我―汝」と「我―それ」の二重の関係を持ったままでいなければ、この実社会では生きられません。ただ、たいていの場合そのどちらかが支配的です。

ブーバーは、「我―それ」の関係しか持っていない人は人間ではないとしています。

ブーバーがさらに問題にしているのは、現代の国家が経済的利潤への意志に満ちているため、民衆が「それ」化されていることです。そのことが民衆を奴隷化するのです。

29 ほかの生き物から、世界はどう見えている?

「世界環境は動物によってまったく異なる」

——ヤーコプ・フォン・ユクスキュル

世界は今のこの世界一つしかないという一般的な考え方を根底からくつがえしたのが、ユクスキュルの『生物から見た世界』（1934）の環境世界論（環《かん》世界説）です。

それによれば、それぞれの動物にとっての世界とは、その種特有の感覚器官に応じている世界、その動物が知覚し、かつその動物が作用している世界のことを指します。これをドイツ語で「環境世界（Umwelt《ウムヴェルト》）」と呼びます。

たとえば、マダニの場合。マダニは哺乳類の血を吸って生きているわけですが、眼が

1864～1944　エストニア生まれ。ドルパット大学で動物学、ハイデルベルク大学で比較生理学を学ぶ。民間研究者ののちにハンブルク大学名誉教授。

ないために獲物となる哺乳類《ほにゅうるい》を視覚で探しだすことができません。そこで犬の皮膚腺《せん》から出る酪酸《らくさん》の匂いを嗅いで獲物が来たことを察知し、そのときに肢《あし》を枝から離して犬の上に落下します。そして触覚で犬の皮膚を探し、血を吸います。

とても単純にも見えるこういうマダニの行動には、次の三つの機能の環《わ》が順にめぐるということがあって初めて成立しています。

最初は、匂いを嗅ぐという知覚が肢を離すという機能行動につながり、犬の上に落ちる衝撃によって肢を離すという機能が消えて今度は触覚の機能が生まれ、皮膚の温度を知覚すると触覚の機能が消えて今度はその皮膚に喰らいつくという作用の行動が引き起こされるのです。知覚と作用のこのループが、マダニ固有の環世界なのであり、マダニにとっては、これこそが全世界の姿なのです。

マダニがしがみついている枝の下をいつ犬が通るかはわかりません。だから、マダニは年単位で食べずに待てるのです。

それを長い時間だと思うのは、わたしたち人間の感覚で時間を考えるからです。マダニにとっては、たいして長い時間ではないのでしょう。

そもそも、動物によって時間の感覚はまったくちがうのです。人間にとって「一瞬」

というのは$\frac{1}{16}$秒ですが、トウギョにとっては$\frac{1}{50}$秒であり、リンゴマイマイというカタツムリにとっては$\frac{3}{4}$秒です。(『生命の劇場』)

一瞬の時間が短いほど、環世界にある事物の運動はゆっくりになります。つまり、一瞬の時間が短い動物ほど、いっそう俊敏に動けるということです。

その他に、視覚空間や触覚空間も、それぞれ動物によって異なります。そうした意味においても、動物ごとにそれぞれの世界が存在しているといえるのです。

ユクスキュルのこういう研究からわかるのは、世界は一つではないということはもちろん、ここにある物、たとえば一個の石の実在すら確かではない、ということです。

人間には一個の石でしかないものが、動物によっては石ではなかったり、まったく無でしかないこともありえるのです。

それは石ではないどころか、どこまでも無制限に多様なものであり、人間の想像のおよびもしない世界に属するものでもあるのです。

30 我々は、どのように世界を「理解」しているのか？

「人間はシンボルの世界に生きている」

――エルンスト・カッシーラー

すでに説明したように、ユクスキュル（本書86頁参照）は動物が知覚と作用によってその動物なりの環世界に住んでいることを発見しました。

ユクスキュルと友人であったカッシーラーは、ユクスキュルの発見と世界観、またカントの哲学を踏まえたうえで、最後の著作となった『人間』（１９４４）を英語で書きました。その中でカッシーラーは、人間の場合にはたんに何かを知覚して作用に移るということにとどまってはいないということ、人間の精神機能として自発的な形成作用が働き、その形成作用が結局のところ像としての世界（Bild-Welt《ビルトヴェルト》）を自分の周囲に生み出しているのだと述べました。

1874〜1945　ブレスラウ（現在のポーランド領ヴロツワフ）のユダヤ人家庭の生まれ。ベルリン大学、マールブルク大学で法理学、ドイツ文学、哲学を学ぶ。ハンブルク大学総長。イギリスに移住し、イギリスとアメリカの大学でも教える。

動物の場合はまず知覚があって、それに直接的に相応した作用が生まれるという仕組みになっているのですが、人間の場合だけはこの知覚と作用の間に第三の連結が加わることになります。この第三の連結が「シンボリック・システム（象徴系）」です。

もっと簡単にいえば、人間は事物そのものを見ているのではなく、事物にみずから意味や理念内容のあるシンボルを与えたうえで、それをその事物の本質として見ている、ということです。

したがって当然ながら、意味は出来事ではないし、また、意味をどこかから探して見つけることもできません。わたしたちが意味と呼んでいるものは、あらかじめ人間の内側にあって、わたしたちはそれを事物の上に投げかけたうえで、その場所に意味があったかのように見ては驚いているのです。

だから人間は、実在しているものがただそこに実在している単純な物理的世界に住んでいるのではありません。そうではなく、「人間はいわば新次元の実在中に生きている」（宮城音弥訳）のです。この「新次元の実在」というシンボルの世界を生み出しているのが、人間の内部にあるシンボリック・システムなのです。よって人間は、「理性的動物」どころか、「象徴的動物（animal symbolicum）」だというわけです。

世界ばかりではなく、歴史というものもまた、このシンボリック・システムから生まれています。なぜならば、歴史はすべて現在からの視点のみにもとづいて書かれるからです。現在からの観察、過去と現在の結びつけ、現在時点での解釈、現在においての知的関心、現在で支配的な道徳的要求や社会的要求など、現在においてのさまざまなシンボリック・システムを通じて歴史とされるのです。したがって、歴史書に記述されているものは過去にあったことではなく、今の段階でのシンボルだというわけです。

31 「世界」と「人間」の関係性とは？

「人間は世界内存在である」

――マルティン・ハイデッガー

ハイデッガーは主著『存在と時間』（1927）で、人間（ハイデッガーの用語では

1889〜1976　ドイツ生まれ。フライブルク大学で神学を専攻。フライブルク大学教授ののちに総長。ナチスに入党。

人間を「現存在」と呼ぶ）を「世界内存在」であるととらえています。この「世界内存在」は原語ではIn-der-Welt-sein《イン デア ヴェルト ザイン》となっているため、たんに「世界の内にある」という意味にとらえられやすいのですが、空間的な「内」にあるという意味ではありません。
ハイデッガーが（古い中高《ちゅうこう》ドイツ語のニュアンスを含めて）使う意味での「内」（in）には、住む、滞在する、親しむ、世話をする、といった意味がこめられています。つまり、世界は人間が関わることによって初めて人間の生命をたもつことができる体制だということです。

要するに、「世界」というのは（ふつうの意味での）さまざまな物理的事物がすでに置かれている場所のことではなく、さまざまな「道具的存在者」としての事物が連関して結びつけられている一つの全体地平のことだというのです。

この「道具的存在者」というのは、たんに道具のことです。ただし、限りなく広い意味での道具のことであり、ナイフやハンマーといった日常の道具の他に、空間や気象条件までもが道具的存在者に含まれています。なぜならば、人間はそのような空間に身を置くことや日陰で休むといったことができ、人間が生きていくための道具とされているからです。だから、人間は世界内にいないと存在して生きられないということになります。

このような意味が含んで使われているため、ハイデッガーがいうところの「世界」は、ほぼ「環世界」（本書86頁参照）と同じようなものになっています。ハイデッガーがユクスキュルの「環世界」からヒントを得たうえで、さらにフッサールの世界観（世界が人間に受動的に与えられ、その世界の中で生の営みが可能になるという考え）をも取り入れているのは明らかです。

ゆえに、人間が「世界外存在」であることは不可能といえます。世界の外で人間が生きることは不可能だからです。

17世紀に哲学者デカルト（1596～1650）は「われ思う、ゆえにわれあり」という表現を使って、自分の精神こそ確実な主体であり、自分の外にあるすべてのものを客観視できるのだ、ということを述べましたが、そうしたデカルトの思想をハイデッガーは否定したわけです。

32 万物に共通する「本質」とは、何か？

「同じ川に二度入ることはできない」

――ヘラクレイトス

この有名な「同じ川に二度入ることはできない」というフレーズを断片の一つとして残したヘラクレイトスの根本の主張は、「万物はすべて、変化・流転しながら存在している」というものです。

ヘラクレイトスは普遍的な法則、万物に共通する本質が何であるかを追究しようとしていたのです。だから、このフレーズは同一性について疑問を投げかけた言葉というよりも、世界は絶え間なく変化しているという考えの強調表現だというべきでしょう。

そしてヘラクレイトスは、「世界はかつてこのようであったし、今もこれからもこのような秩序であるであろう。それは燃え上がり、また消えもする火だ。世界は永遠に生

紀元前540頃～前480頃　貴族の家系に生まれる。エフェソス（現在のトルコ）に住み、高慢で人間嫌いであったため、「闇の人」と呼ばれていた。

きている火である」とし、火こそが原型的な物質形態だと考えました。したがって人間の魂も火であり、人間の生命もまた変化し続ける永久の流転の一部だと主張するのです。

ヘラクレイトスはまた、このようにも述べます。

「戦いは共通のものであること、そして、争いが正義であり、万物は争いと必然によって生成するのだ」

「神はすなわち　昼夜、冬夏、戦争平和、飽食飢餓《ほうしょくきが》。神は　さまざまに姿を変える」
（クラウス・リーゼンフーバー『西洋古代・中世哲学史』平凡社）

つまり、変化がありながらも、その流動が統一だというわけです。

ちなみに、考えながら何かを書いているヘラクレイトスの姿が、16世紀初めの画家ラファエロの「アテネ（アテナイ）の学堂」の手前の位置に描かれています。

Column

思考実験No.2 「砂山のパラドックス」

「砂山からどれほどの砂粒をとったら砂山ではなくなるか」

エウブリデス
前4世紀頃　ミレトス生まれ。ソクラテスの弟子から生まれたメガラ学派の哲学者。

エウブリデスは多くの思考実験の例を案出《あんしゅつ》していますが、これもその一つで、砂山からいったいいくつの砂粒をとり去ったら砂山といえなくなるのか、という問いです。そのバリエーションで、ハゲ頭と呼ばれないためには頭に何本の毛髪が残っていなければならないか、というものもあります。

これらは、同一性の問題でありながら、実際には言葉の意味の問題でもあります。

「テセウスの船」（本書54頁参照）と同じく、「砂山」がどういうものを指しているのか、はっきりしていないからです。幼稚園の砂場でつくられた程度のものも砂山なのか、あるいは砂漠の砂山ほどのものでなければ「山」とは呼ばないのか、明白ではありません。同じような曖昧さとして日常にあるのは「山」です。というのも、その文化圏によって丘《おか》を「山」と呼ぶ場合も多々あるからです。

なぜこれほど広範囲な意味のブレが生じてしまうかというと、この問題自体が、自然言語が使われた文章で出されているからです。

自然言語というのは、日本語や英語といったふだんわたしたちが使っている言葉です。こうした自然言語におけるそれぞれの言葉の意味というのは、かっちりと定まっているものではありません。社会背景や時代はもちろん、その自然言語が使われる状況やその場での人間関係、話の脈絡などによって、意味がいくらでも変わってしまうのです。世代がちがうと話が通じないというのも、まさにこの典型例といえるでしょう。

だからといって、日常生活でプログラミング言語を使うわけにもいきません。したがって、わたしたちは自然言語を使う以上、互いに誤解が生まれないよう、表現や主張の意味内容に注意をはらう必要があるのです。

Part 3

自分の知見や知識が揺らいでくる仮説

33 「知識」の条件とは？

「知識の条件は三つ、信念、真実、正当化である」

――プラトン

プラトンは『テアイテトス』（紀元前4世紀頃）で、知識とはどういうものかについて議論するソクラテスらの様子を描いています。それを後代の学者らが整理したものによれば、何かが知識であるためには三つの条件が必要だとされています。

その三つの条件とは、信念（がある）、真実（だ）、正当化（できること）です。

この場合の信念とは、何かについて知っていると自分が信じていることです。

しかし、ここで「信じている」とされる状態は、信仰や信頼といったものとはいっさい関係はなく、「(それがそうであると）自分が受け入れている」といった意味です。英語でいえば、belief《ビリーフ》にあたります。

※59頁を参照

真実とは、何かについての知識が真《しん》だということです。たとえば、地球が球体だという知識は真です。真だというのは、現実世界と一致しているということを意味します。この真は、英語でいえば、true《トゥルー》になります。

正当化（ができる）とは、その知識が真であるといえるような確固たる証拠があるということです。英語でいえば、justified《ジャスティファイド》となります。だから、正当化できない身勝手《みがって》な推論によるものは、知識とはいえません。

この三つを、一般的に「知識の標準分析」と呼びます。この三つをまとめて表現すれば、「知識とは正当化された真である信念だ」ということになります。また、この三つの頭文字を並べて「JTB定式」とも呼びます。

知識についてはこうして定義がされたかのように見えましたが、20世紀の半ばになって、アメリカの哲学者ゲティアがこの標準分析を揺るがす問題を出しました。（本書102頁参照）

34 「正当化された真の信念」は、本当に「知識」と呼べるのか？

「知識のＪＴＢ定式は正しくない」（ゲティア問題）

——エドムント・ゲティア

１９６３年、知識についてのいわゆるＪＴＢ定式（本書１００頁参照）が成り立たない事例となる思考実験をゲティアが提出しました。

それは「ゲティア問題」（その論の原タイトルは、「正当化された真なる信念は知識か？」Is Justified True Belief Knowledge?）と呼ばれ、今なおきちんとは解決されていません。少しコミカルでもある「ゲティア問題」をわかりやすいように書きかえると、だいたい次のようになります。

スミスとジョーンズはある会社に就職しようとしていた。席は一つしかない。

1927〜2021 アメリカ生まれ。コーネル大学で博士号取得。マサチューセッツ大学などで現代哲学を教えた。

ところで、スミスは、ジョーンズという男が採用されるという情報をすでに得ていた。そのジョーンズがポケットに10枚の硬貨を入れているということも確認していた。だから、スミスは、この会社に採用される人間というのはポケットに10枚の硬貨を入れているのだ、と信じるようになった。

しかし、実際に採用されたのはスミスのほうだった。そして偶然ではあったが、スミスのポケットにも10枚の硬貨が入っていたのだった。

この事例を整理すると、次のようになるでしょう。

スミスは、ジョーンズが採用されるという情報を根拠として、採用される人間のポケットには10枚の硬貨が入っていることを「知識」として持ちました。これは、JTB定式に合っています。

〈信念〉ポケットに10枚の硬貨を入れている人が採用される、という信念を持つ。
〈真実〉ポケットに10枚の硬貨を入れている人が採用されるのは真である。
〈正当化〉実際に採用されたのはポケットに10枚の硬貨を入れている人だった。

この定式の三つの条件を充たした知識をスミスは持っており、だからこそ、スミスはジョーンズが採用されるだろうと思っていたわけです。

しかし、採用されたのはたまたま10枚の硬貨をポケットに入れていたスミスだったのですから、スミスが持っていた知識は正しいものだったとはいえなくなります。

三つの条件を充たしている知識であるのに、正しくなかったのです。とすると、三つの条件を充たしていても、その知識は信頼できないものだということになってしまいます。

哲学の一分野である現代認識論（知識学）は、このゲティア問題から始まりました。

なお、ゲティア問題についての論理をもっとくわしく知りたい方には、上枝美典『現代認識論入門』（勁草書房）などが参考となるでしょう。

35 万人に共通する「知性」とは？

「基本の知性が誰の場合でも共通しているのは、その知性が単一だからだ」

——イブン・ルシュド（ラテン名はアヴェロエス）

イブン・ルシュドはアリストテレスの注解書の中で、知性について独特の見解を述べています。それをごく簡単に説明すれば次のようなものです。

人間の魂には三つの知性（受け入れる知性、働きかける知性、生成された知性）があり、この中で不死なのは最初の受け入れる知性、非身体的な知性だけだ、というのです。他の知性は身体とともに消滅します。なぜなら、それらは身体的なものだからです。

そして、この最初の受け入れる知性は、誰の場合であっても、共通で同一の認識を持つことになります。同一の認識を持つ知性そのものが同一だからです。

要するに、人間はそれぞれ個々人として異なっていても、その基本的な知性について

1126〜1198　コルドバ（現在のスペイン）の名門の生まれ。医師、哲学者、法学者、天文学者。アリストテレス『霊魂論』の注解者。イスラム世界での最後の哲学者となった。

は同じ、つまり単一だということになります。そのため、イブン・ルシュドのこの考えは、「知性単一論」とか「知性単一説」などと呼ばれるようになりました。

一方、イブン・ルシュドのこの見解からは、個人としての人間は死ぬのだという意味がくみとれます。するとイスラム教の聖典『コーラン』の教えの一つである身体の復活を否定することになりますから、当時の厳格なイスラム朝だったムワッヒド朝は彼を追放し、その著作を燃やしてしまいました。

36 なぜ我々は、「正しい判断」ができないのか？

「知識と思考の偏見は四つある」

――フランシス・ベーコン

ベーコンは、知識や考え方をいつのまにか間違えたり、偏見を持って正しく判断でき

1561～1626　イギリス生まれの子爵《ししゃく》。グレイ法曹院で法律を学ぶ。法学者、政治家。

なくなったりする場合の代表的な四つのパターンを、『ノヴム・オルガヌム』（1620　新機関とか新しい道具という意味）の中で指摘しています。

間違った知識ですから、それらをイドラ（ラテン語で幻影とか偶像という意味。英語にした場合はアイドルとなる）とベーコンは呼びます。四つのイドラは次のとおりです。

・種族のイドラ―民族的な偏見。地方的な環境から生まれる偏見。自分の感覚、感性、また自分が属する集団やグループの見方を絶対基準として物事を判断することもこの偏見に含まれる。物事を人間になぞらえて理解しようとすることも種族のイドラである。

・洞窟《どうくつ》のイドラ―個人の気質、習慣や癖、受けてきた教育、読んだ本、個人的な経験といったものから生まれてくる偏見。

・市場《いちば》のイドラ―社会生活から生まれてくる偏見。言葉や用語の独特な使い方、独特な意味づけのためにこの偏見が強くなる。現代でいえば、いわゆるインフルエンサーは市場のイドラを拡大させる人々になる。

・劇場のイドラ―劇場の舞台で演じられていることを観客がそのまま現実だと信じこ

んでしまうように、既成の権威、宗教、思想、主義、哲学を頭から信じてしまうことから生まれてくる偏見。

ちなみに、同時代の劇作家のシェークスピアはベーコンではありません。なぜならば、シェークスピアにはベーコンほどの学識がなく、占星術などを信じていたからです。

37 「原因」と「結果」の関係は、どうやって生まれるのか？

「必然性とは、人間の心の中にあるなにものかである」

——デイヴィッド・ヒューム

わたしたちは何かを見て、その何かがこのようであることには特定の原因があったはずだと考えます。それが、原因と結果、つまり因果関係を考えるということです。

1711〜1776　イギリス生まれの貴族。エディンバラ大学に入ったものの退学し、自宅の城で哲学を研究した。歴史学者、哲学者。

このとき、わたしたちはその原因はどこか近くに、あるいは（近い）過去の事柄にあるものだと予想しています。また同時に、自分が結果とみなす事柄と、その結果を生むことになった原因の事柄を線で結びつけているのです。

たとえば、自分がそこに置いていた箱がつぶれていたとしましょう。それを発見したとき、箱のそばにいる他人が箱を踏みつけたからだ、というふうに結びつけるのです。

このように原因と結果が必然的に結合しているとわたしたちが考えるのは、「心理的な恒常的連接《こうじょうてきれんせつ》が生まれているからだ」とヒュームは『人性論』（1739、1740　原題はA Treatise of Human Nature）で指摘しています。

この「恒常的連接」とは、ある一つの事象《じしょう》が起きたとたん、それを見た人の心の中に過去の別の事象が急に生まれてきて印象をいっそう強くすることです。

たとえば、ある人が訪ねてくるたびに雨が降るという経験から、その人は雨男にちがいない（つまり、雨が降る原因となっている）と確信したりするのも、この恒常的連接によるものです。

ヒュームのこの考え方の特徴は、因果関係は物事や事象の側にあるのではなく、人間の心にあるのだという視点の変換です。この一点から強い刺戟《しげき》を受け、新しい視点をつかむ発想を得て、『純粋理性批判』を書くことになったのがカントでした。

38 人間はどのように「現象」をとらえているのか？

「心（理性）の中に因果関係というカテゴリーがある」

——イマニュエル・カント

ヒュームの考え方（本書108頁参照）から刺戟を受けたカントは、人間がとらえる現象の原因は人間の側にあるという観点で、『純粋理性批判』を書くことになりました。因果関係についていえば、ヒュームの主張ではそれは人間の考え方の癖、つまり恒常的連接から生まれるものでした。一方カントは、人間の心（理性）の中に因果関係というカテゴリーがあるからだと主張しました。

つまり人間は、それぞれ専門の知覚のレーダーを持った整理棚を持っているようなも

※61頁を参照

のだとカントは考えたのです。この専門のレーダー知覚を持った整理棚の全体を称して理性と呼んでいるのです。

その整理棚は、量、質、関係、様態の四つに分けられ、その一つずつが三つに分けられて、全体で12のカテゴリーがあります。

因果関係については、関係の棚の中の因果性という仕切り棚で感知するのです。外界のものをこれらのレーダーで感知しないというわけにはいきません。

したがって、外界のものを感知すると、必ず因果関係という棚の中に入れることになります。これが、因果関係というものが生じる原因となっているとカントは考えました。

ただ、外界のもののすべてを人間は感知しているわけではありません。人間の理性が持っている整理棚に見合った部分のみを感知しているのです。したがって、外界に本当は何があるのか、人間には知る手段がないとカントはいうのです。

39 なぜ人は、自ら命を絶つことを選ぶのか？

「絶望して自殺するのではない、自殺は怒りの表現なのだ」

——エミール・デュルケーム

19世紀後半のヨーロッパにおける自殺についての統計を分析研究した結果が、デュルケームとその仲間らによる『自殺論』（1897）です。

この研究によれば、わたしたちが小説やドラマで知るストーリーから思い浮かべやすい絶望的あるいは悲観的な動機ゆえの自殺という姿が、妄想だったとわかります。

というのも、自殺者は希望の消失ゆえに自殺するのではなく、むしろ怒りの表現として自殺するからです。しかも自殺の動機となるその怒りとは混乱に対するものなのです。

その混乱の種類は一つだけではありません。たとえば、いきすぎた個人主義とその結果としての孤立状態も混乱といえます。それとは逆に、いきすぎた集団性とその結果と

1858～1917　第二帝政期フランスのユダヤ人家庭に生まれる。高等師範学校で哲学と史学を専攻。ボルドー大学やパリ大学の正教授。

しての服従から生まれる自己埋没《まいぼつ》、さらには、社会的な道徳や規制が欠落してしまったために欲望が満たされない状態への幻滅なども、混乱の一種です。これらが複合して自殺の動機となることもあります。

つまり、人間は極端な状況に置かれてしまうと、自殺しやすくなるというわけです。ある程度の宙ぶらりんさ、あまりにも極端ではない程度の自由さ、ある程度の規律があること、おおまかな倫理の共有などが、健康な生には必要だというのです。

40 「善」を定義することは、可能か？

「何が善なのかは直観でわかる」

――ジョージ・ムーア

ソクラテス、プラトンやアリストテレスから始まって、哲学者たちはこれまで善とは

1873〜1958　イギリス生まれ。ケンブリッジ大学トリニティカレッジでラッセルの勧めにより道徳学を専攻。ケンブリッジ大学哲学教授。

何かという問題をあれこれと追究してきました。その中でムーアは、『倫理学原理』（1903）や『観念論の論駁』（1903）で、善というものは自然科学的事実とは別のことであり、定義することも分析することもできるものではないとしました。

自然にある科学的事実についての言語というものは他の表現にいいかえることが可能です。たとえば、水の沸騰《ふっとう》や光合成についてやさしくいいかえることは、いくらでもできます。では、善をいいかえることはできるのでしょうか。

善は、快楽の一つだとか、良さの一種類だとか、望ましいものだ、などといいかえることはできません。善はただ善でしかない。つまり、善は何か内部が複雑なことを表現している言葉なのではなく、善はたんにそれだけで純粋な概念だから、分解していいかえることができないのです。さらにいえばそれは、人間の意識でしかとらえることができない概念です。

黄色というものが単純な概念であるように、善もまた単純な概念です。だからこそ、黄色がわからない人に黄色がどういうものであるかを説明できないように、善が何であるかを説明することはできないのです。しかし、ある行ないが善かどうかは直観でわかる。わたしたちはいつも生《なま》の事実に向き合い、実際にそうしているのです。

19世紀にはイギリスで功利主義（ジェレミー・ベンサムなど）という考え方が生まれ、その功利主義者たちは最大多数のための最大幸福を実現するのが善だと主張しました。そうすると、最大多数の最大幸福は、そのときの状況と事情によって変わらざるをえません。ということは、そのつど善の内容が変わるということです。内容がころころ変わるような善ならば、本当の善だとはいえないでしょう。ムーアはそのような功利主義の考え方や哲学のこれまでの定義づけを根底から否定したのです。

41

「過去の記憶」は、本当に正しいのか？

「異なった時間に起こる出来事を論理的に結びつけることはできない」

――バートランド・ラッセル

ラッセルは『心の分析』（1921）の講義Ⅸに、仮説を使って次のようなことを書

※29頁を参照

いています。

「わたしたちがある事を記憶しているからといって、その事が過去にあったのは確かだということはできない。なぜならば、今のこの世界全体がたった5分前に今ある通りに創造されたかもしれないからだ。したがって、異なった時間に起きたことを今と論理的に結びつけることは不可能なのだ」

こんなふうに世界が5分前に創造されたかもしれないというのはとっぴな発想ですが、要するにラッセルは異なった時間に起きた二つの出来事を論理的に結びつけることはできないということを述べているのです。

この場合の二つの出来事とは、過去にあった出来事と、それを自分が記憶しているという出来事になります。記憶しているからという理由で、過去にその記憶通りの出来事があったとはいえない、ということです。

「もしわれわれが現在思い出すことに対して、必要とされる関係をもつ過去の出来事が実際にあったことを確かめる方法が、記憶の他には何もないとすれば、記憶がまったくの妄想ではないと考える理由は、実際的な理由を除けば、見出すことが困難である」

（竹尾治一郎訳）

ラッセルによるこの問題提起は、わたしたちが持っているさまざまな知識というものをはなはだ不安定なものにする衝撃をもたらしてきます。なぜならば、「ほとんどすべての知識において、何らかの形で、記憶が前提されている」からです。

42 子どもはどうやって「言葉」を覚えていくのか？

「言葉を使うことはゲームをすることだ」

――ルートヴィヒ・ヴィトゲンシュタイン

一般的に、一つひとつの言葉（日常言語）には、それぞれに固定された意味があると思われています。その思いこみを根こそぎくつがえしたのが、ヴィトゲンシュタインの『哲学探究』（1953　死後に編纂、出版）であり、この本ではたくさんの思考実験がなされています。

※70頁を参照

たとえば、誰かが「ハンマー！」と大声をあげたとすると、それを聞いた人は誰かがハンマーという名称を声に出す練習をしたのだと思ったりはせず、誰かが工作のためのハンマーを必要としている、あるいはハンマーをここまで持ってこい、という命令の意味、あるいはまた何かを打ち込むための道具がたった今必要なのだと理解します。その誰かが自分の指をつぶすための道具をほしがっている、などと考えたりする人はいないでしょう。

つまり、一つの単語であろうとも、常に単独の意味を指していることはなく、家族的類似において、そのつどの意味を持って現れるのです。

この家族的類似とは、家族の集合写真に見られるように、一人ひとりの顔が確かにちがっていて、はっきりとした共通の特徴があるといったわけでもなく、しかしながら全体としてはどこか似かよっているところがあるという意味です。

これと同じように、家族的類似に包まれているのが日常で使われている言葉です。わたしたちが使うどんな言葉にしても、定義や意味をきっちりと定めることがどうしてもできない理由がここにあります。

たとえば、正義とか理想という言葉をふだん使う場合でも、その細かい意味がそれぞれに異なっていながらも、全体としてゆるく同じような意味で把握されているということです。

したがって子どもが言葉を覚えて使えるようになるとき、あるいは留学して外国語を翻訳せずにすぐにわかるようになる場合、その根底にはたくさんの言葉の意味を学習したということではなく、その言葉（外国語）の家族的類似性にくり返し触れる日常の場面に自分がいて、そこに何度も参加したということが必要になります。つまり、それこそが「言語ゲーム」とヴィトゲンシュタインが呼ぶものなのです。

そして言語ゲーム自体もまた定まった規則に縛られているわけではなく、語られ方、発声の仕方やアクセント、綴りや省略、その言葉が含む意味の幅などが日々移り変わっていくものなのです。

43

「言葉の意味」はどう決まるのか？

「言葉にはあらかじめ定められた意味などない」

――ウィラード・クワイン

いったい何が言葉の意味を決めるのかということについて、クワインは『存在論的相対性』（1969）という論文で次のようなおもしろい思考実験を紹介しています。

自分のまったく知らない言語を話す人々と初めての土地で出会ったとしよう。その人々と一緒にいると、一匹の白いウサギが不意に現れた。そのとき、彼らの一人が「ガヴァガイ」と言った。また別のときに白いウサギが出てきても、彼らは「ガヴァガイ」と言った。そこで、この地ではウサギのことを「ガヴァガイ」というのだと推測される。

しかし、「ガヴァガイ」という言葉は「さあ、食事だ」という意味かもしれない。その他に、ふわふわした生き物、一匹の野ウサギ、白色、長い耳、という意味である可能

1908〜2000　アメリカ生まれ。オバーリン大学で数学を専攻、ホワイトヘッドに学び、ハーヴァード大学で哲学学位取得。ハーヴァード大学で哲学教授。言語哲学、科学哲学。

性もあるし、神だという意味かもしれないし、祈りの言葉なのかもしれない。

こういうふうに一つの発音が何を指しているかわからないことをクワインは「指示の不可測性」と呼び、複数の翻訳が可能になることを「翻訳の不確定性」としました。

つまり、言葉にはあらかじめ決められた固定的な意味などないというわけです。一つの言葉が一つの意味だけを持つのではなく、その状況によってさまざまな意味の範囲のうちの一つがその場での意味とされるのです。

これは誰もがふだんから体験していることで、たとえば日本語では「甘い」という一言が、糖分が高いということばかりではなく、不十分、愛らしい、短絡的、容易、考えがたりない、ゆるい等々のいずれかを指している場合を思い出してみればわかります。

要するに、その場での状況や互いの関係、事情、経緯《けいい》、行動、雰囲気、時代、文化などによって、言葉の意味は大きく変わってくるのです。つまり、言葉の意味は、その言葉の社会での用いられ方、社会的技術によって決まるのです。これは、言葉の意味はそのときの事実の状態に依存しているということですから、その場での事実が変わるのならば、言葉の意味も変わってくるのです。

クワインのこういう考え方、つまり、何が真であるかは正しい考え方から導かれるのではなく、ただ事実に依存する、という考え方は、哲学の方法論の分野においてはもっと鮮明に表れています。たとえば、「経験主義のふたつのドグマ」（1951）という論文でクワインは、論理実証主義者たちを非難しています。

論理実証主義者というのは、論理と分析だけで真理を見出すことができるとする人たちのことです。彼らによれば、2+2=4も「独身男性は結婚していない」も論理と分析のみで真理だとされます。その真理は分析的真理と呼ばれます。もう一つ総合的真理と呼ばれるものがあり、これは科学実験など実際の検証によって見出されるものです。真理にはこの二種類があるというのが、論理実証主義の基盤とされてきました。

しかし、クワインはこの二つの区別は無効だとしました。論理と分析だけで見出される真理は、言葉の意味だけによって真であるとしているだけで、実際の真理ではないとしたのです。さきほどの二つの命題でいえば、2+2=4も「独身男性は結婚していない」も、たんなる同語反復にすぎないからです。

また、論理と分析から導かれた論理的真理の一つであるはずの「矛盾律」や「排《はい》中律《ちゅうりつ》」(どちらも、ある一つの命題が成り立つと同時に成り立たないことはありえない、という論理)にしても、真理だといえないとします。

その排中律があてはまらない好例として、「光には質量がある」をあげます。排中律によれば、光に質量があるならば、それと同時に質量がないということはありえないことになります。しかし、実験による事実では、光が粒子《りゅうし》であるときは質量があり、光が波動であるときは質量がないのです。

言葉を使って頭だけで考えるのではなく、実験で得られる科学的事実を哲学に導入しようというクワインのこのような態度を自然主義と呼びます。

44 主観を〝超越する〟方法とは？

「何かを知るには新しい概念を表現する言葉が必要だ」

――トマス・ネーゲル

ネーゲルの有名な著書『コウモリであるとはどのようなことか』（1979）は、哲

1937〜　ユーゴスラビア（現在のセルビア）生まれ、ナチスを避けて家族でアメリカに亡命。コーネル大学、オックスフォード大学で学び、ハーヴァード大学で博士号取得。プリンストン大学教授。

学論文というよりも、自分とは異なるものの体験をとらえることについて、読みながらもいつのまにか思考実験に誘われてしまうというユニークなエッセイとなっています。

内容はタイトル通りに、コウモリであるとはどのようなことかを知るためにあれこれと試行錯誤していくというものです。「コウモリであるとはどのようなことか」とは、コウモリであることの体験とはどのようなものなのだろうか、という疑問であり、簡単にいえば、自分がコウモリならば、いったいそれはどういう実感の生なのかを知りたいということです。

もちろん、必ずしもコウモリである必要はありません。猫でもいいし、サメでもかまわない。さらには、他人でもいいのです。生まれつき目の見えない人、耳の聞こえない人でも、古代人でもかまわないのです。

そしてわたしたちは一般的に、自分以外の存在についての体験を知ろうとするとき、想像力をめぐらせて、自分があたかもその対象になったかのようにして感覚をつかもうとします。また、それによって感情移入ということができるかのように思います。しかし、これは人間のたんなる想像にすぎません。

あるいはまた、「還元的《かんげん》分析」という方法を使います。還元とは、複雑で理解しにくいものをなじみ深く理解しやすい単純な事柄から成り立っているかのようにみなしてあつかうことです。しかし、還元的分析がいつも使える正しい方法だということは、まったく保証されていません。そもそも、コウモリの意識を人間の意識に還元してみて得られる理解とは、いったい何でしょうか。

またしばしば、わたしたちは「外挿《がいそう》」という方法を使います。これは、人間としての体験をコウモリにも似たような体験があるはずだと考え、それをコウモリ自身の体験の近似値《きんじち》とみなすことです。外挿をコウモリに使うのはおかしいとわかる人でさえ、自分の体験を他人に外挿して判断してしまうことは多々あるのです。

これらの方法はすべて、人間の主観から他のものを見て判断しようとしています。つまり、人間の主観は人間としての生物学的観点と文化的観点にいつまでもとらわれていて、その観点だけから見るということです。しかし、そのような主観による概念的理解を超える事実がある可能性は高いのです。そういう主観性を人間からはずさない限り、他のものをそのままに見て理解することはおぼつかないでしょう。

そのためには、人間の主観と関わりのない客観的な概念を表現する新しい言葉がどうしても必要になります。しかし、それはまだ見出されていないし、案出もされていないという状況です。よって、わたしたちはまだ、「コウモリであること」がいったいどういうことであるのか、まったく知りえないのです。

人間の知の限界については、17世紀のフランスに生きたパスカルが書き死後に出版された『パンセ』で、およそ次のようなことが述べられています。

人間は両極端の中間にいることでしか生きられない。何事かについて確実にその全体を知ることはない。全知でも、無知でもない。精神の働きが何であるかを知らないけれども、精神の働きを感じている。自然の原理を発見して利用することができるけれども、それらの原理は人間の生活に関係するものばかりだ。人間の生とは関係のないような自然的原理については見つけることができないのだ。

だから、わたしたちはいつまでたっても、コウモリの体験や他の生物の体験を知ることができないかもしれないのです。

45

「本物」と「偽物」のちがいは、どこにある？

「本物の芸術作品にはアウラ（オーラ）がある」

――ヴァルター・ベンヤミン

複製がどれほど精密であろうとも、オリジナルと同一になることはありません。その決定的なちがいについてベンヤミンは、アウラというものの有無なのだとして、パリに亡命していたときに書いた哲学エッセイとでもいうべき『複製技術時代の芸術』（1936）で指摘しました（ただし、アウラという言葉が最初に記されたのは『写真小史』1931）。アウラとは、ベンヤミンの仮説の概念です。

そのアウラがどういうものであるかについては、こう述べられています。

「アウラの定義は、どんなに近距離にあっても近づくことのできないユニークな現象、ということである。ある夏の日の午後、ねそべったまま、地平線をかぎる山なみや、影

1892〜1940　ベルリンの同化ユダヤ人の家に生まれる。ドイツ各地の大学で学び、ベルン大学で博士号取得。ナチス政権が生まれたため、フランスに亡命。

を投げかける樹の枝を眼で追う――これが山なみの、あるいは樹の枝のアウラを呼吸することである」（高木久雄・高原宏平訳）

こういう自然物のアウラと同じように、真正な芸術作品のアウラもまた今ここにしか存在しないという一回性があります。そして、古代のヴィーナス像に見られるように、芸術作品は魔術性、宗教性、絶対的な荘厳《そうごん》さにいろどられ、それが存在しているというだけで礼拝的価値を生み出していたのです。しかしそれを間近に経験できる人は少数でした。

ところがルネッサンス以降、大衆向けに世俗化された芸術崇拝の結果として、展覧会の陳列のためにいくらでも移動できる額縁絵画が生まれ、今ここにしかないというアウラの特徴が欠落していきます。さらに、発達した技術によって精巧につくられた複製にも一回性がなく、当然ながらアウラもまた消滅しているのです。もともと演劇にもあったアウラは、映画という複製の登場とともに消えました。

しかしベンヤミンはアウラの喪失を嘆くだけではなく、複製技術時代の芸術は少数の人々から解放されることによって、その芸術と大衆の間に新しい関係性を築く性質を持った、資本にとりこまれていない新しい芸術の誕生だともとらえました。それればかりか、（当時はナチズムが興隆していたので）ファシズムに対抗できる一手段とすら考えました。

このアウラという表現は、当時からヨーロッパで流行しました。こんにちの日本では、アウラという言葉はオーラといいかえられ、説明しがたい独特の雰囲気があるという単純な意味になって日常的に多用されています。

46 人はなぜ、笑うのか？

「こわばってしまったものを揉みほぐすために笑う」

――アンリ・ベルクソン

ベルクソンは『笑い』（1900　原題はLe rire）で、わたしたちが何をおかしさとして感じて笑うのか、なぜ笑うのか、についてエッセイとして述べています。

1859～1941　フランス生まれ。パリ大学、パリ高等師範学校で学び、リセ教師になり、ソルボンヌ大学で学位取得。コレージュ・ド・フランスの教授。1927年ノーベル文学賞受賞。

まず、笑うほどのおかしさが生まれる条件がいくつかあります。

その一つは、笑いの対象が人間的であることです。人間はもちろん、対象が物であっても動物であっても状況であっても、そこに何か人間らしさがあるときに笑いが生まれます。あるいは、笑う人がそこに人間らしさを見出したときにおかしさを感じます。

さらに、その対象に自分の心が動かされていないときも笑いが起きやすくなります。たとえば、誰かがみっともない格好で転んだとき、その誰かが自分とはまったく関係のない人だった場合には笑いが起きる可能性があります。その誰かが自分と親しい身内や知り合いだったら、笑いは起きずに心配の気持ちのほうが強く出てきます。

また、自分が孤独の状態ではなく、あるいは、対象と自分が孤絶しておらず、なんらかの関係、あるいはなんらかの共通項がある場合にだけ笑いが生まれる余地があります。

これらのことをまとめれば、「われわれの笑いというものは、常に、ある人間集団の笑い」（竹内信夫訳　以下同）なのです。たとえば劇場の観客たちもある種の人間集団ですから、劇場の観客席が埋まっているほど、笑いが大きく広がるのです。

笑いについてのベルクソンの考察で独特なのは、笑いは有用な社会的機能を持っているのだという主張です。その社会的機能とは、笑いがこわばりのほぐしになっているということです。

このこわばりとは機械的固さのことです。ずっと同じ反応をしたり、同じ行動をするのも機械的固さです。一つの思いこみを続けるのもまたこの固さであり、こわばりです。たとえば、セルバンテスの有名な小説『ドン・キホーテ』の主人公アロンソ・キハーノは、このこわばりを続ける人です。チャップリンが笑いの対象になるのも、機械的固さである動作を延々と続けているからです。しかし、本人はそれに気づいていません。「自分自身には自分の姿が見えなくなった人物、それが喜劇的人物」なのです。

では、そういう人に向けられる笑いとは何なのか。笑いは、こわばった人のこわばりを揉《も》みほぐし、生命の柔軟さへと戻すためのものです。こわばったままでは、社会の中で生きにくくなってしまいます。だから、もっと柔軟になるように、他の解決策にも目を向けることができるように、と揉みほぐすのが笑いなのです。

その笑いは、笑われることをしている人に向けた揉みほぐしであると同時に、自分の中に起こりえるこわばりへの揉みほぐしでもあるのです。だからこそ、笑いは社会全体の硬直化を防ぐことになります。要するに笑いは、社会的な意義と効力を持っているというわけです。

47

「理性」が「行動」を決めているのか？

「人の行動や決定は、理性からではなく、情念から生み出される」

――デイヴィッド・ヒューム

理性こそがわたしたちの行動を正しく導くはずだ、と古代から考えられてきました。そういう決めつけに対してノーを突きつけたのが、経験を自分の哲学の土台とするヒュームの『人性論』（1739、1740　原題はA Treatise of Human Nature）でした。ヒュームにとって、理性とはたんに物事の真偽を見出すときに利用されるようなものです。人間の現実の行動について、理性は力をおよぼさないというのです。

では、人間に実際の行動を起こさせるものは何かというと、それは情念だとヒュームは主張します。この場合の情念とは、好き嫌いや愛着、快と不快、損得勘定、それまでの人生経験、その場での気分や感情、共感の気持ち、などといった広い意味での情動を

※108頁を参照

指します。

たとえば、理性で考えた結果を行動に移したのだと自分では思っていても、現実のその行動は一つであり、その行動を選んだ動機には情念のどれかがあるのです。理性はたんにいいわけとして持ち出されているだけです。

そういうふうに人間を現実に動かす情念、情動についてのヒュームの考察を簡単にして並べれば次のようになります。


どんな場合であっても、情念や欲望の誘惑に屈しないような人は一人もいない。

あるものを好んだり嫌ったりするのは、そこに快や不快の情念を予期するからだ。

人を動かすのは原初的な情念や衝動であって、理性の働きによってではない。

理性の働きによって怒ることはない。怒っている場合、そこには情念のみがある。

自分の利益にならないことを選ぶ場合もある。それは情念にさからってはいるが、その情念よりもその人の性格の強さにしたがっているか、現在の意向にしたがっているのだ。

（ある行動の結果としての）「善または悪が不確かなときには、善のほうかあるいは悪

のほうかの不確かさの程度に応じて、〝恐れ〟あるいは〝希望〟が起こる」（土岐邦夫訳以下同）

共感という情念が道徳を生む。この共感こそが人間性の中にある強力な原理である。

「道徳的な善悪は間違いなく心情によって判別されるのであって理性によるのではない」

心の情念には特有な感じがあり、この感じは快か不快かのどちらかである。快であるならば有徳、不快であるならば悪徳と呼ばれる。

ちなみにヒュームは衝動や本能も情念だと考えていますが、この衝動や本能については「まったく説明しがたいもの」として、次のように書いています。

「この種の情念として、たとえば敵をこらしめたい欲望、友人の幸福を願う欲望、飢え、性欲、その他、いくつかの身体的欲求がある。正しく言えば、これらの情念は、善や悪を生むのであって、ほかの感情のように善や悪から起こるのではない」

48
「意識」の正体とは？

「意識に映るものは脳によってコントロールされた幻覚である」

――アニル・クマール・セス

これまでの世界での哲学と科学の研究結果を踏まえて意識について考察したアニル・セスは『なぜ私は私であるのか』（2021　原題はBeing You）で、ここに見えている世界と自分自身という実感は意識が生み出した幻覚であるという見解を述べています。

これはしかし、それぞれの人の想像、期待、目論見《もくろみ》、立場などが世界の見え方をつくっているといった意味ではなく、物理的にわたしたちの脳がその機能を働かせることによって脳の内側で生成した仮のものを今ここにある世界の形としてとらえているという意味です。だから、その場合に見えている世界の形は、世界そのものの形ではなく、わたしたちの脳によってコントロールされた形（controlled hallucination）、つまりは一

1972～　イギリス生まれ。ケンブリッジ大学とサセックス大学で学位を取得。サセックス大学サックラー意識研究センター共同ディレクター。認知神経科学教授。

つの幻覚だというのです。しかしながら、それが幻覚だということにわたしたちはまったく気づくことがないのです。

そういうふうにして幻覚を見ていることを簡単に体感するには、「アデルソンのチェッカーボード」と呼ばれる錯視の実験が役立ちます。このボードのマス目はAのほうがBよりも暗く見えます。しかし、AとBの色合いは、実際には同じです。つまり、AとBからわたしたちの目に届いている光の波は同じなのです。

ところが「脳の視覚システムは、影になっているものは暗く見えるという知識を回路の奥深くに刻み込んで」（岸本寛史訳　以下同）いるため、影になった場所にあるものは暗いはずだとして見え方を調整してしまうために、この錯覚を錯覚として認識できません。しかしそれこそが、知覚の結果についての脳による調整、制御なのです。別の言い方をすれば、「知覚経験の中に世界の物事が現れる仕方を脳が構築している」というわけです。

だから、わたしたちは何かを見て認識するときに、外からの感覚信号を受けとってそれを脳が分析して理解するといったことをしていないのです。外からの情報として脳が受けとるのはたんに電気信号のみであり、それに対して脳は最良の推測を与えたうえで

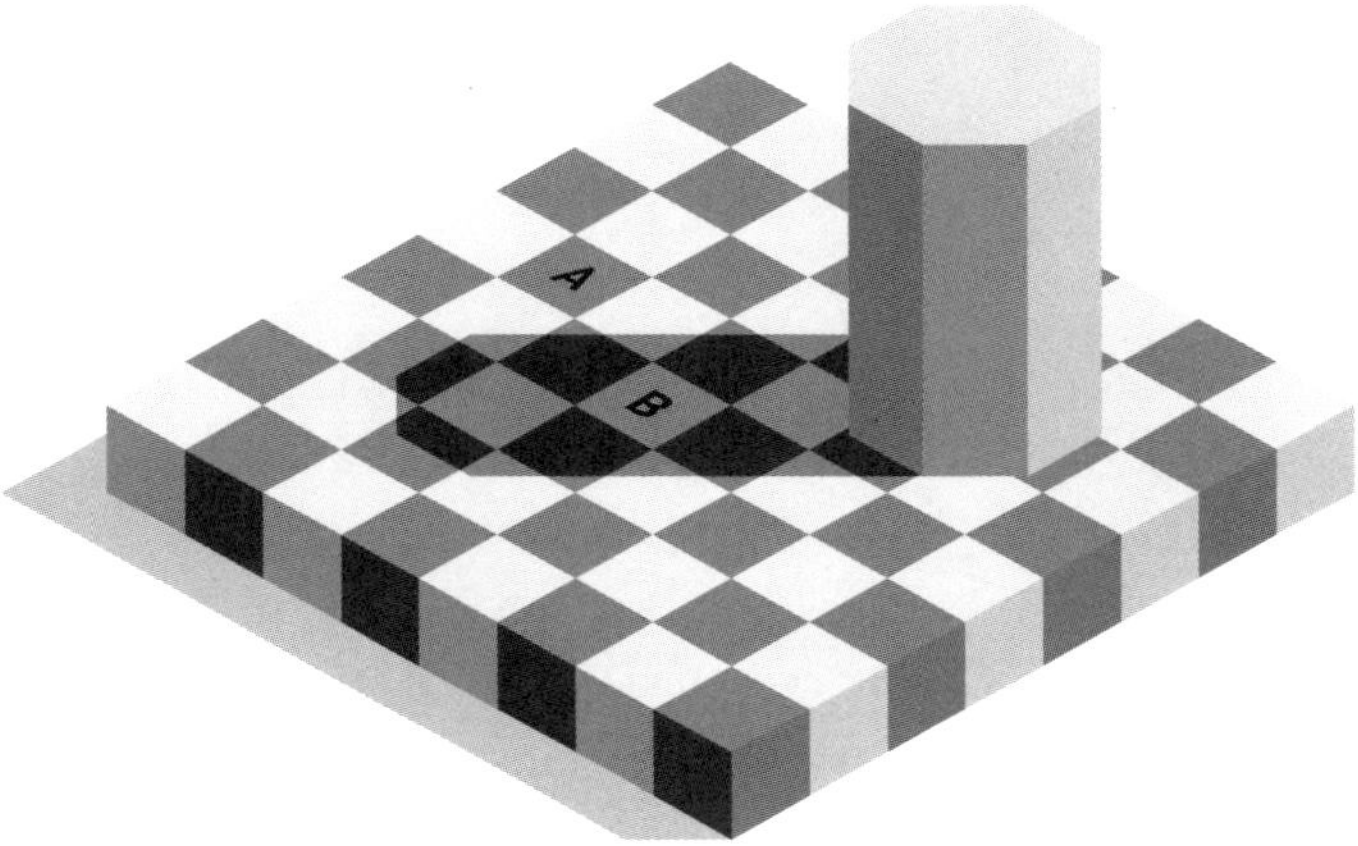

チェッカーシャドウ錯視

とらえなおし、何がどうであるかというふうに理解しているのです。

マス目Aの場合でいえば、影になったものはいっそう暗い色調であるはずだという最良の推測が脳によってなされたということになります。外界にあるものをそのままで知覚しているわけではないのです。

脳のそのような（最良になるように調整しながら制御するという）知覚の仕方は、同じように自分の内部についても向けられています。したがって、わたしたちがあたりまえのように思いこんでいる「（いつも変わることのない）この自分」という「自己」の感覚もまた、脳によって制御された幻覚だということになります。

自分が自分であるという感覚をたもっていなければ、自己感覚はありえません。わたしたちは調整と制御をすることで、自己感覚をたもちます。つまりわたしたちは、「自分を制御するために自分を知覚」しているのです。

実際のところ、わたしたち自身はいつも自分のままではありません。すべての細胞がめまぐるしく入れ替わり、常に変化し続けています。しかし、その変化がまったくないかのように感じるために、自分を調整し制御し続けているのです。だからこそ、あたかも自分がずっと自分のままであるかのように感じているというわけです。それが錯覚だということとには気づきません。

これは、同じものがゆっくりと変化していく場合その変化に気づかない「変化盲《へんかもう》」(Change blindness)と同じことで、わたしたちは自己については変化盲でしかないのです。そのため、自分はいつまでも自分のままだという感覚を持っていられるのです。

＊「変化盲」…画像などを注視していたとしても、画像などがゆっくりと色や形や質を変えていった場合にはそれに気づかないこと。自分の変化盲に不意に気づくことは、「アハ体験」(Aha-Erlebnis)や「エウレカ効果」(Eureka effect)という表現で知られる。

49

哲学の表現は「本当に」正しいのか？

「否定主導語が使われている哲学はナンセンスだ」

――ジョン・ラングショー・オースティン

「これこそ真正の商品です」
「きみに捧げるのは真実の愛だ」
「完全に健康だと認められます」
「あなたは本物の日本人ですね」
「最高の贅沢《ぜいたく》を味わってみませんか」

このように日常でわたしたちが使う言葉、「正常」「本当」「真の」「最高」「絶対」「純粋」「本質」といったもろもろの表現が、実は何かを意味する言葉ではないということ

1911〜1960　イギリス生まれ。オックスフォード大学ベリオール・カレッジでアリストテレスを学ぶ。ヴァイオリン演奏とスポーツに秀でていた。ホワイト記念道徳哲学教授。

をオースティンが『知覚の言語』（1962）で指摘しました。

オースティンはこれらのような言葉を「否定主導語」（原語はtrouser-wordなので、直訳すると「主導語」）と呼びました。

いくら本物だの絶対だのといった強い「否定主導語」が使われていたとしても、それが本物だということの証拠にはなりません。

よって、「否定主導語」はたんに他のものを否定するだけしかできない（内容の無意味な）言葉なのです。

「否定主導語」は他のものを否定し排除するものの、同時に自分が真正であることの証明は一つもしていません。ただただ他のものを否定することで自分が真正だということをきわだたせようとしているだけであり、要するにひとりよがりの強い主張を大声でしているような言葉だというわけです。そういうふうに他の否定のみを主導している言葉だから、「否定主導語」なのです。

要するに、「否定主導語」はあたかも客観的評価のように見せかけながら勝手な主観的評価で断定をしています。

また、医学上での正常と病理の判断もまた実質上の「否定主導語」であることをミシェル・フーコーの『狂気の歴史』やジョルジュ・カンギレムの『正常と病理』（『超要約　哲学書100冊から世界が見える！』340頁参照）が指摘してきました。

そしてあらためてふりかえってみると、政治家や統治者の言葉にはしばしば「否定主導語」が効果的にまぎれこんでいるし、巧妙なコマーシャルの文言は「否定主導語」ばかりです。

また、厳密そうに見える哲学の表現にもまた「否定主導語」がたくさん使われていることがわかります。

たとえば有名どころでは、カントの著書『純粋理性批判』には「純粋」（reine）理性という「否定主導語」が使われているし、ヘーゲルの著書『精神現象学』の本文では「絶対」精神という「否定主導語」が中心となっているのです。

50

「私は私である」という感覚を与えるものは、何か？

「知覚の束にすぎない人間の同一性の原因は記憶である」

——デイヴィッド・ヒューム

一人の人間はいつもその人自身だという考えに対して、人間は絶えず自分自身がいつも自分自身であることを意識しているわけではないことを、ヒュームは熟睡の経験から引いて次のように指摘しています。

「深い眠りのためにしばらく私の知覚が取り去られるときには、私はその間、私自身を感じていない。実際のところ、その間は存在していないと言ってもよかろう」（『人性論』土岐邦夫訳　以下同）

いったん知覚がない状態に置かれるならば、わたしたちは同一性などという感覚などを簡単に失うのだというのです。そしてここに、あの有名な文章が記されることになり

※108頁を参照

ます。

「私は次のように確信してもよかろうと思う。すなわち、人間とは、思いもつかぬ速さでつぎつぎと継起し、たえず変化し、動き続けるさまざまな知覚の束《たば》あるいは集合にほかならぬ、ということである」

それでもなお、自分がいつも同じであり、自分というものが一生を通じて変わらないと考える傾向を与えるものとは何でしょうか。

ヒュームはそれを（知覚についての）記憶だとしました。これまでのいくつかの印象的な知覚の記憶の数々を一つに結びあわせて、その全体を人間は自分自身の同一性の証拠だと思いこんでいる、というわけです。

Column

思考実験No.3

「スワンプマン仮説」

「私とまったく同じ動きをするスワンプマンは、私とどこがちがうのか」

ドナルド・デイヴィドソン

1917〜2003　アメリカ生まれ。ハーヴァード大学で英文学、比較文学、古典を学び、哲学に専攻を変える。カリフォルニア大学バークレー校の哲学教授。

同一性についてデイヴィドソンは、『主観的、間主観的、客観的』（2001）の中で「スワンプマン（沼男）」という思考実験を提示しています。それは次のようなものです。

沼地の枯れ木に落雷し、たまたまそこに立っていた「私」は死んでしまいます。そのとき、枯れ木が「私」の物理的な複製になります。これはスワンプマンであり、以前の

「私」とまったく同じような動きをするのです。スワンプマンは「私」と同じように家に帰り、友人たちといつもどおりの挨拶《あいさつ》を交わし、自分の部屋で論文を書くのです。では、このスワンプマンはかつての「私」と同一の存在なのでしょうか。

デイヴィドソンは、スワンプマンはかつての「私」と同じではないといいます。スワンプマンは「私」と同じ声、同じ発音、同じ雰囲気で友人たちと談笑はするものの、「私」だけが持っていた経験がそこにはないからです。

スワンプマンは「家」という音声を発するのですが、「私」がその自分の家に抱いている意味を持ってはいません。スワンプマンは「私」の完全なるコピーでありながら、これまでの経験によって「私」の中にたくわえられて「私」という存在を形成しながら同時に「私」だけの意味というものになっているものを、まったく持っていないのです。

Part 4

心と体についての仮説

51 万物に「秩序」を与えるものとは、何か？

「精神は永遠にいっさいを支配する」

——アナクサゴラス

アテナイの最初の哲学者だったアナクサゴラスは、あらゆるものの内にあらゆるものの部分がある、としました。つまり、すべてのものはあらゆる部分で構成されているというのです。

この部分というのは、無数、無限種類、無限に微小な存在であり、これをアナクサゴラスは万物の種子（spermata《スペルマタ》）と呼びました。

あるものの性質は、それに最大の割合で配合されている種子によって決まる、というのです。

その種子の割合を決めるのが、精神（nous《ヌース》）です。万物の種子は混ざりあっているの

紀元前500頃～前428頃　小アジア（現在のトルコ）のイオニア生まれ。アテナイに住み、アテナイで初めて哲学を広めた。

ですが、精神はこれに旋回《せんかい》運動を与えます。そして精神は世界の多くのものに成長の秩序を与え、さまざまなものを生み出すのです。

この精神は永遠であり、無限でもあり、いっさいを支配するといいます。（ヌースは、精神、魂、心、知性などと訳されます）

なお、当時のギリシア神話では、ヘリオス神が太陽神とされていたので、太陽は神ではなくて燃える灼熱《しゃくねつ》の岩石なのだと主張したアナクサゴラスは、不敬として訴えられました。

その結果、アテナイを去らざるをえなくなり、彼はランプサコス（小アジアの沿岸の植民市）に移住して学派を開きました。ちなみに、ソクラテスはアナクサゴラスの教説も学んでいました。

52 心は、身体から「独立」しているのか？

「心と身体はいっしょである」

――アリストテレス

心と身体について、アリストテレスは20年間にわたって教えを受けた師のプラトンのイデア説（魂があの世にあるイデアを認識するという考え方。本書59頁参照）とはまったく異なった次元からの見解を述べています。

アリストテレスの『心とは何か』（『霊魂論』や『魂について』と訳される場合もある）によれば、心（ギリシア語でプシュケー）とは、栄養摂取能力、感覚能力、運動能力、思考能力などを持った身体の状態にあることです。

しかしながら、身体が心そのものだというわけではなく、能力を保持している身体と心は分けることのできないものとなります。心はたんなる物体ではないのです。

※17頁を参照

アリストテレスはこう述べています。

「自然的物体には生命をもっているものと、もっていないものとがある。〝生命〟と私たちが言うのは、〝自己自身による栄養摂取と成長と衰退〟のことである。したがって、生命にあずかるすべての自然的物体は実体であり、実体はこのような意味で、いわば合成体であろう。

さて、この自然的物体は物体であるとともに、このような条件をそなえたもの、つまり、生命をもつものであるわけだから、心は物体ではないということになるだろう」（桑子敏雄訳）

このようにアリストテレスは、心が身体から独立したものであることを否定し、心と身体はいっしょであることを強調しています。そうでありながら、心は物体ではないというのです。また、心を持つものは生物のみだと考えます。

そういう心の働きには、受動的なものと能動的なものの二つがあります。それらは、受動理性、能動理性（あるいは能動知性、作用する理性）と訳されたりもします。受動的な理性は、知覚や感覚という認識を受け持ちます。

一方、能動的な理性は、思考活動、直接的に働きかけることを受け持っています。

（ただし、この場合の働きかけとは、物理的な作用をもたらすことではなく、能力や性質を発揮させるように仕向けるということを意味します）

そして、この能動的な理性は超越的な神的理性を含んでいるという理由から、肉体が滅びても肉体から離れ、永遠の不死のまま存在するであろうというのです。

53 「自分の身体」よりも、大切なものとは？

「罪を犯すよりも体の一部を失うほうがましだ」

――『新約聖書』

心と身体は別々だというデカルトの単純な心身二元論（本書155頁参照）よりも、心（あるいは霊魂）は身体よりも圧倒的に上位に立つとしたキリスト教的二元論の価値観のほうが、世界の人々の考え方に大きな影響をもたらした可能性があります。

成立2～4世紀頃。

そのキリスト教的二元論は、新約聖書の多くの記述に見られます。たとえば、「マタイによる福音書」の第5章にはイエスの有名な言葉として次のようなものがあります。「右の目があなたをつまずかせるなら、それをえぐり出し、投げ捨てなさい。全身が地獄に投げ入れられるよりは、体の一部を失うほうがましである。もし右の手があなたをつまずかせるなら、それを切り取って、投げ捨てなさい」（フランシスコ会聖書研究所訳以下同）

もちろんこれはイエス独特の誇張と比喩《ひゆ》を使った表現なのですが、字句通りにとらえてしまう人のほうが多かっただろうし、今でも多いでしょう。（キリスト教の影響を濃く受けているイスラム教では、窃盗《せっとう》を行なった人の手は切り落とされるという原則があり、現代でも実行されています）

「マタイによる福音書」の第10章には、イエスの次のような言葉があります。

「体を殺しても、魂を殺すことのできない者どもを恐れることはない」

ここには明らかに身体を魂よりも下位に見ている価値観が表れているように見えます。

ちなみに、魂を殺すことができる者とは神のことを指しています。

イエスの死後にローマ帝国領で盛んに宣教した一人はユダヤ教からの改宗者パウロで

あり、その言葉はのちにキリスト教神学の基礎になったのですが、このパウロはしばしば肉体という言葉を使って説教をしています。

「肉に従って生きるなら、あなた方は死にます。しかし、霊によって、体の悪い行いを絶つなら、あなた方は生きます」（「ローマの人々への手紙」第8章）

「霊の導きに従って生活しなさい。そうすれば、決して肉の欲望を満たすことはありません。なぜなら、肉の望むところは霊に反し、霊の望むところは肉に反するからです。肉と霊とが互いに対立しているので……」（「ガラテヤの人々への手紙」第5章）

ここに書かれている「肉」（ギリシア語原文ではサルクス）とは物理的な身体のことというよりも、人間の利己的欲望、衝動《しょうどう》、優越心、強い感情などを主に意味しています。なぜならば、その「肉」がもたらすものは、「姦淫《かんいん》、猥褻《わいせつ》、好色《こうしょく》、偶像《ぐうぞう》礼拝、魔術、敵意、争い、そねみ、怒り、利己心、不和、仲間割れ、妬《ねた》み、泥酔《でいすい》、度《ど》外れた遊興《ゆうきょう》」（「ガラテヤの人々への手紙」第5章）だからです。

それでもなお、ギリシア語や神学の説明を知らない限りは、『新約聖書』のこれらの表現は身体よりも心を上位に見ていると思われても仕方がないのです。

54
「心」と「身体」は、つながっているのか？

「心と身体は別々に存在する」

――ルネ・デカルト

デカルトという名前はたいへん有名であり、デカルトの著書『方法序説』の中のフレーズ「われ思う、ゆえにわれあり」もまたたいへん有名です。

その世界的な知名度、「近代哲学の父」という後世のほめ言葉もあって、あたかもデカルトが哲学的真実の一つを述べたかのようにみなされているふしがあります。しかし、デカルトの哲学の主張はたんなる仮説にすぎず、その真実性は今ではとても薄いものとなっています。

デカルトの哲学の説を一言にすると、心（非物体的実在）と身体（物体的実在）は別々に存在する、というものです。

1596～1650　フランスの名家の生まれ。二つの軍隊に所属して生活費を得ながら、物理数学を研究。スウェーデン女王に招かれて哲学の個人講義をする。

こういう考え方は一般的に二元論と呼ばれ、その他にも、物心二元論、心身二元論、実体二元論といった言い方がされます。この基礎にあるのは、身体は物質であり、心は非物質でありながら実体だ、という考え方です。ここでの心には、意識も含まれます。

デカルトは『情念論』で、身体の感覚器官がとらえた情報が精神に送られるとき、どこでこの心（精神）と身体がつながっているかというと、それは脳の中にある松果腺《しょうかせん》（現代ではこの内分泌腺を松果体《しょうかたい》と呼ぶ）だとデカルトは説明しています。（もちろん、心と身体を結んでいるというこの論はデカルトの空想にすぎません）

デカルトが提出した心と身体についてのこういった二元論は、現代では科学の知識であっさりと否定されてしまいます。なぜならば、たとえばドラッグなどによって、人間の認知能力は簡単に低下するからです。もし心と身体が本当に別々だというのならば、身体に何かが与えられても、心の機能が影響を受けることはないはずだからです。

とはいえ、心と身体のつながりの問題はまだ解明されてはいないのです。

55
人間を「動かしているもの」とは、何か？

「心と体は同じだ」

――バールーフ・デ・スピノザ

デカルトの心身二元論（本書155頁参照）は、実体二元論とも呼ばれます。そのデカルトと同時代の17世紀のオランダに生きたスピノザは、一元論の仮説を打ち出しました。「心と体は同じだ」としたから一元論なのです。

なぜ心と体が同じかというと、心が体を動かしているわけではなく、あたかも心が体を動かしているかのように錯覚させられているだけで、本当は神がすべてを動かしている、とスピノザは主張します。なぜなら人間は神の一部だから、というのです。

しかし、そのことに人間は気づいていない。というのも、個々人は自分の存在に固《こ》執《しゅう》しようとしているからだ、とスピノザはいいます。そして本当は神から動かされてい

1632～1677　アムステルダムのユダヤ貿易商人の家に生まれる。ハイデルベルク大学から招かれたが、自身の独自の哲学研究に没頭する。

るのに、自分で動いていると思いこんでいるというのです。

この滑稽《こっけい》さを表現するためにスピノザは、「人間は投げられた石のようなものだ」といっています。その石は自分の力で飛んでいるのだと思いこんでいるのです。このように、神と世界を同一視する考え方を汎神論《はんしんろん》と呼びます。

また、スピノザのこの一元論を性質二元論とも呼びます。性質二元論では、実体は一つであるけれど、その実体の性質が二種類あるという考え方をします。

56 「知覚しない」ものは、「存在しない」のか？

「実体といえるのは心だけだ。物質は存在しない」

——ジョージ・バークリー

物質は存在していないと主張するバークリーの根拠は、わたしたちが何かにさわった

1685〜1753　アイルランドのダイサート城で生まれる。20代のうちに自分の哲学著作となるものをすべて書きあげた。アイルランド国教会主教。

ときにわたしたちが認識しているのは自分の知覚だけだからだ、というものです。

何かにさわって硬いと感じたことは自分の知覚から生まれた観念にすぎない、とバークリーは述べます。同じように、何かがそこに存在するように見えている場合でも、わたしたちは自分の心の中の観念を見ているだけなのだ、とします。

『人知原理論』でバークリーは、こう書いています。

「われわれは、われわれ自身の観念あるいは感覚以外の何を知覚するというのだろうか」（宮武昭訳）

だから、物質というものは存在しないというわけです。では、何が存在するのか。それは、精神だけである、といいます。つまり世界には、知覚する精神、その精神が生む観念しか存在していないのです。

知覚する精神とは、要するに心のことです。あるいはまた、魂とか、おのれ自身と呼ばれているもののことです。それは観念を知覚するという能動性を持った存在なのです。よって、心、あるいは精神のみが確実に存在する。ただし、この精神には二種類あるといいます。それは、有限の精神と無限の精神です。有限の精神とは、人間の中にある精神のことで、無限の精神とは神のことを指します。

そこで、「わたしたちが知覚しないものは存在しないのか」という問いに答えが与えられます。たとえば、遠くの森は知覚されないかぎり存在しないのでしょうか。

これに対してバークリーは「存在する」と答えます。その理由は、わたしたちの精神が知覚していない場合でも神の精神が知覚しているからだ、というものです。神のその知覚する無限の精神が生み出す観念として、森は存在しているのです。

57 心と身体の〝仕組み〟とは？

「機関車は警笛を鳴らすが、警笛は機関車を動かさない」

——T・H・ハクスリー

心と身体のつながりについて、その仕組みを考える哲学者たちの大きな疑問の一つと

1825〜1895 イギリス生まれ。ロンドン大学で医学、生理学などを学ぶ。英国地質調査所の博物学者。「不可知論」(ものの本質は認識不可能だという態度)という言葉をつくった。

なっているのが、物質は必ず因果律《いんがりつ》（原因から結果が生じること）にしたがうということでした。つまり、物質であるはずの身体（や脳）が因果律にしたがうのにもかかわらず、その身体に内包されて非物質であるはずの心が必ずしも因果律にしたがうとはいえないのはどういうことか、しかも（デカルトが主張するように）心が身体の動きを決定しているのならば、因果律にしたがう物質である身体が、因果律にしたがわない心に支配されていることになるではないか、という疑問です。

これに対してハクスリーは、心の状態は脳の物理的な状態によって決められはするが、その一方で脳の物理的な状態に対して心はなんら影響をおよぼさない、としました。これはたとえば、機関車の警笛《けいてき》は機関車を動かすことがないのと同じ理屈だというのです。

この説明を「随伴《ずいはん》現象説」（Epiphenomenalism）と呼びます。翻訳で「随伴」とあるのは、物質である身体に心はただつきそうだけだ、という意味です。ちなみに、英語でのエピフェノメノンとは、脳という現象の副産物としての二次的現象が心であるという意味です。

ハクスリーのこのような随伴現象説は、物質と意識（心）はまったく別の存在だと主張していることから、二元論の一種とされます。

58 我々は、どのように「心の表現」を理解するのか？

「心に起こる出来事は奇妙なものだ」

――ルートヴィヒ・ヴィトゲンシュタイン

17世紀のデカルトは、著書『方法序説』で記した有名なフレーズ「われ思う、ゆえにわれあり（私は思考している、だから、現に思考しているこの私の存在だけはどうしても疑うことはできない）」で、自分が思うということ以上に存在が確実なものはない、他のいっさいは疑わしい、という主張をしました。

いいかえればこれは、一人称単数である自分が経験した心理的知識こそ確固たる真理だということです。デカルトのこの強い断定をやんわりと否定したのが、ヴィトゲン

※70頁を参照

シュタインでした。

彼の死後に編纂された『哲学探究』（1953）には、こう書かれています。

「私」という言葉は一般的に、自分と他人を区別するときに使われるものだ。ところが、デカルトは自分の意識を身体と区別するために「私」を使っている。すると、この場合の「私」はいつのまにか（生身の自分ではなく）自分の思考がある場所のことになっている。この使い方はおかしいし、意味がないとヴィトゲンシュタインは指摘したのです。

なぜならば、他人と比較してこそ、「私」がこの「私」のことだという意味を持つからです。どんな言葉であっても、その意味は（三人称的な、あるいは客観的な）基準があって初めて生じるのです。

たとえば、その典型例として痛みについての言葉を見てみましょう。痛みについての言葉がまず自分以外の誰か、あるいは不特定多数によってどのように使われているかを知っていて初めて、自分も痛みについての言葉を（誰かに伝わるように）使うことができるはずです。しかしそうではなく、自分にしかわからないような独自の表現をするならば、それは他の人にとって感覚を表現する言葉とはならないわけですから、理解されないし、無意味なのです。

デカルトがしたのは、まさにそういうことなのです。デカルトがいくら自分の存在を心理的に確信して宣言したところで、そのプロセスには三人称的な基準が最初から欠けているのですから、自分だけの経験事例から勝手に確信したのにすぎません。

つまり、デカルトは私的言語（自分にしかわからない言葉）を使っていたのと同じことをしたのであり、他人から見て客観的に意味がとれる文章で書いていなかったというわけです。それゆえわたしたちは、「われ思う、ゆえにわれあり」を一読したときにどこか不思議な断定、あるいは論理の飛躍を覚えたのです。

こういうふうに指摘したヴィトゲンシュタインは、心についての形而上学《けいじじょうがく》的問いを的確に表現する言葉は存在していないのではないかと考えていたようです。

それでもなお、わたしたちが心の表現についてある程度の理解ができているのは、これまでの三人称的な基準に照らし合わせてどうにか推測し、自分の経験の感覚をも引き合いに出して意味をつかもうとするからなのです。

彼はこう書いています。

「知るということの奇妙な現象が何であるか〜中略〜心的な出来事というのは、まさに奇妙なものである」（藤本隆志訳）

59 「自分にしかわからない」表現に、意味はあるのか？

「心についての表現はあからさまな事実についての省略語(短縮表現)だ」

――カール・グスタフ・ヘンペル

ヘンペルは、心についてのこれまでの哲学の文章表現は無意味なものが多いから、それらを有意味な文章表現に翻訳して論点をはっきりさせるべきだと考えました。ヘンペルがいう有意味とは、その文章表現の意味内容を客観的に証明したり反証したりすることができるようになっているレベル、ということです。

確かに、心をめぐる問題を語るこれまでの多くの文章は、内容がはなはだ曖昧だったり、多様に解釈できるものだったり、その個人にしかわからない経験を述べているものでしかなかったわけです。それらは他人が客観的に検証できないものばかりだから、ヘンペルは科学的に有意味な問題となる文章にしようではないかと提案したのです。

1905〜1997　ドイツに生まれ、数学、物理学を学んでから哲学研究に向かう。ナチスの圧力のためアメリカに移り、プリンストン大学の教授になる。

たとえば、日本語で「気分が悪い」という表現はその人のなんらかの状態を表現しているのでしょうが、意味がはっきりしていません。というのも、その「気分が悪い」が特定の他人や状況への嫌悪の心を示しているのか、生理的に体調が悪いのか、それともその人の機嫌がよろしくないということの表現なのか、わからないからです。

では、この「気分が悪い」をどうすれば、有意味な文章にできるのか。ヘンペルは、文章に心理概念をいっさい含ませず、物理概念だけが入った文章に変えてしまえばよいというのです。そういうふうにすれば、心についてのこれまでの難しい問題は消えてしまうだろうというわけです。

では、わたしたちがふだんの生活で使っている心的表現は何だったのでしょうか。それは実は、人間の身体的運動についての省略語、短縮表現にすぎなかったとヘンペルはいいます。

したがって、これまで哲学で議論されてきた、何が心的なもので何が物理的なものか、心と物の接点やちがいは何か、などといった問題は、たんに哲学っぽいニセの問題にすぎない、とヘンペルは考えるのです。こういう考え方を論理的行動主義といいます。

60 心とは、〝神秘的〟なものか？

「心は行動として現れている」

――ギルバート・ライル

ライルは、心は秘められているものではなく、あからさまに外に現れていると考えました。心が悲しい状態にあるのならば、泣いたり、うなだれたりするように、身体の行動として現れるというわけです。

だから、感情や情緒といったものを含めて、心とはなんらかの身体行動とつながっているものであり、従来の一般的なイメージのような、他人から容易にうかがい知ることのできない心というものはどこにもないと考えました。このように心は身体行動と結びついているというライルの考え方を行動主義と呼びます。

それでもなお、「自分が考えていること、思っていることを身ぶりに出したり、声に

1900〜1976　イギリス生まれ。オックスフォード大学で学び、ヴィトゲンシュタインと親交を結ぶ。ウェインフリート記念講座哲学教授。著書『心の概念』（1949）は有名。

出したりしない限りは、自分のその心は秘められたままではないか」という反論が出てくるでしょう。

このように声に出さずに考える場合でも、わたしたちは行動しています。それは「内的発話」という行動です。頭の中での計算、あれやこれやと言いわけや解決策を黙って考える場合でも、そこには内的発話が行なわれています。それが行動です。

幼い子どものときは筆記具を使って計算することを覚えますが、大きくなって頭の中で計算するときでも、計算という行動をしているものです。もちろん、文字を綴るようにして思考してもいます。心身は（外に見えない場合であっても）行動しているのであり、心は隠れていないのです。ですから、心という実体が身体の中に隠れているという構造にはなっていないことがわかります。

すると今度は、いわゆる今ここにある自分の感情は心の一部ではないのかという疑問が出てきます。ライルによれば、そういう感情というものは、何か生起《せいき》を指す、もしくは、性向《せいこう》を指すものだと考えます。つまり感情は、泣くとか怒るといった目に見える行動が起こること、あるいはそのようになりそうな傾向のことです。どれにしても、感情は行動につながっているのです。

いわゆる気分のほうは、何かの行為の内的原因となりえます。ただし、その場合も性向的原因となります。つまり、ある行動につながりやすい傾向があるということです。ライルはこのようにして、心から神秘性をとりのぞいたのです。

61

「心」の正体とは？

「心という概念はいずれ消去される」

――パトリシア・スミス・チャーチランド

チャーチランドは、心についてのこれまでの議論は俗受けする素朴心理学であったといいます。たとえば、欲求、信念、感情、自由意志、意識といったことについて心の神秘さとして語られてきたことは、つまるところ各人の経験から生まれた論にすぎない、というのです。

1943～　カナダ生まれ。ブリティッシュコロンビア大学、ピッツバーグ大学、オックスフォード大学で学び、カリフォルニア大学の哲学教授。神経倫理学を専門とする。

それらの議論は古代ギリシア時代からほぼ変わっておらず、精神疾患のメカニズム、知性の個人差、睡眠の機能はもちろん、走っているクルマに雪玉を投げてぶつける能力などについてもまだまともに説明できないでいるほど無意味だと批判します。

さらにチャーチランドは、そのような素朴心理学としての心の哲学の説明はやがて厳密な科学の術語に置き換えられ、内容が明確になるだろう、というのです。

またそのときには、今まで使われてきた「心」という曖昧な言葉と概念は消去されるはずだ、とします。それはまるで、宇宙はエーテルという第五元素で満たされているという19世紀まで常識であった説が、アインシュタインの特殊相対性理論（１９０５）が発表されてからなくなったようなものだというのです。

また彼女は、飼い犬が死んで悲しんでいる女性を例にあげています。彼女の場合、そこに悲しみという感情があるのではなく、神経伝達物質のセロトニンの減少を愛情という生理と結びつけているだけだ、というのです。これは、病気の原因をかつては瘴気《しょうき》（病気をもたらす悪い気体）と呼び、精神疾患を悪魔憑《つ》きと説明していたことと同じレベルだといいます。

このように、心と体について考える哲学者の中でも、チャーチランドは徹底した物理主義に立っています。物理主義とは要するに唯物論のことであり、チャーチランドは世界も人間の心も物質だけでできているのだとするのです。このように心などという意味の曖昧な言葉は消去されると主張する態度を「消去主義」と呼びます。
そして、脳についての科学研究こそ今までの哲学の神秘を解明すると考え、人間の心というものにしても脳の働きと関係している物質にすぎないといいます。これは、現代でもなお多くの科学者にとって一般的な考え方です。

62 AIは、本当に言葉を「理解」できているのか？

「(生物の)心だけが、言語の意味を理解できる」
――ジョン・サール

コンピュータのAIはあたかも人間であるかのようにストーリーを「理解」できます。

1932〜　アメリカ生まれ。カリフォルニア大学バークレー校教授。言語行為論とAI批判で知られる。セクシャルハラスメント問題を起こして2019年に名誉教授号を剥奪される。

たとえば、ある男がレストランでハンバーグを註文したときのことです。運ばれてきたハンバーグは黒くこげていました。その男はチップどころか支払いもせず、怒ったまま店を出ていきました。

そこで、「結局、この男性はハンバーグを食べたのですか」と誰かに質問すると、だいたいの人は「いいえ、食べてはいないと思います」と答えます。

ＡＩに質問しても同じ返答をします。これはＡＩが状況下でのストーリーというものを「理解」しているからです。

しかし、起きた事柄のストーリーを把握できたからといって、ＡＩに「理解」という知性があるという証拠にはならないのです。サールは、『心・脳・科学』（１９８４）で「理解する」とはいったいどういうことであるかを示すために、「中国語の部屋」という思考実験をしています。その内容は次のとおりです。

中国語をまったく知らないどころか、ミミズが這《は》った模様にしか見えないサールがたった一人、部屋に閉じこめられます。そして、一山の中国語の本が部屋の外から与えられます。さらにもう一山の本が与えられ、最初の山と二番目の本の山を関係づける規則を英語で書いた書類が与えられます。

さらには、三つ目の山も与えられます。それは中国語の記号群と英語で書かれた指示書類です。それらはサールが意味のわからない中国語と記号を結びつける手順などが書かれたマニュアルです。

そうして、やがてその部屋の外から中国語の質問書類が続々と届きます。サールはそれに答えるために、部屋の中にある中国語の本や書類をひっくり返し、試行錯誤しつつ記号と模様のような中国語をなんとか結びつけ、意味がわからないままそれを部屋の外へと提出します。

しかし、部屋の外にいる中国人はその回答を見て、部屋の中には中国語を完全に理解する中国の知識人がいるとしか思わないのです。

要するにこの「中国語の部屋」とは、コンピュータのことです。コンピュータに質問し、その回答を引き出す、それが知性による「理解」ではないとサールは主張しているのです。

なぜならば、「コンピュータは統語論を持つけれども意味論は持たない」（土屋俊訳以下同）からです。

つまり、コンピュータは文構造の規則にしたがって文字という形になっている記号をたんに並べているだけだというわけです。

サールは、言語を理解するということ、心を持つということは、記号の操作ができることなどではなく意味がわかるということだといい、次のように書いています。

「すなわち、心的状態というものは生物学的現象であるのです。意識、志向性、主観性、心的因果作用という事柄は、すべて、われわれが生物として営んでいる生活の歴史の一部であり、その点においては成長、生殖、胆汁の分泌、消化などの事柄となんら変わるところはありません」

意識については、脳が引き起こす生物学的現象だとします。

このように心的状態こそが生物の特徴だと強調するサールの考え方は、生物学的自然主義と呼ばれます。

63 「人工知能」は、「人間の意識」の代わりになるか？

「意識の仕組みをいくらさぐっても意識の動きの理由はつかめない」

——ゴットフリート・ヴィルヘルム・ライプニッツ

ライプニッツはその有名な著書『モナドロジー』（1714）の中で、人間の意識の動きを風車小屋の動きに見立てた思考実験の文章を書いています。それを少しわかりやすく書きなおすと、次のようになります。

「意識の動きをメカニックな理由から解き明かそうとしても絶対に説明がつくはずもない。

仮に、（あたかも人間のように）考えたり、感じたり、知覚したりすることができる機械がここにあったとしよう。それが風車小屋くらいの大きさだったとしたら、中に入ってみることができる。そしてよく観察してみても、部分と部分が互いに動かしあっ

1646～1716　神聖ローマ帝国のライプツィヒの大学教授の家に生まれる。法学者、数学者、哲学者。積分記号のインテグラルを考案した。

ている様子だけだろう。どこにも主人のような意識というものを発見できないだろう」

ライプニッツのこの考え方は、意識というものの不可解さを示しながら意識がメカニックなものではないことを述べており、また、現代のコンピュータの「人工知能」という考え方のおかしさをも予見的に指摘しているのではないでしょうか。

64 「人間」と「ゾンビ」のちがいは、どこにあるのか?

「心についての難問は、クオリアである」

――デイヴィッド・J・チャーマーズ

チャーマーズは『意識する心』(1996)で、心と身体に関するいくつかの問題のうちでも難問は、「クオリア」だと指摘します。

クオリアというのは現象的な質感(フェノメナル・クオリティ)の略語であり、(感覚

1966~ オーストラリア生まれ。アデレード大学、オックスフォード大学で数学を専攻ののちに哲学専攻に変わり、アメリカで学ぶ。オーストラリア国立大学教授。

的な）「質感」と翻訳されることもあります。

この現象的質感であるクオリアとは、わたしたちのふだんの体験の一面です。それをわたしたちは自分の心と呼んでいます。

たとえば、バラの赤を眼にしたときのわたしたちの個々の体験は、交通信号の赤を眼にしたときとは明らかに異なる体験です。他の、たとえば絵画を鑑賞するときの色彩体験や洋服の色彩体験とも同じものではありません。

しかし、どうしてこのようなちがいが生まれてしまうのかは、いまだ謎のままです。しかも、そのような主観的な感性を、物理的なものでしかない脳がどうして生み出せるのかもわかってはいません。

チャーマーズはそのようなクオリア体験としてだいたい次のように分類しています。〈視覚体験〉〈聴覚体験〉〈触覚体験〉〈嗅覚体験〉〈味覚体験〉〈冷熱体験〉〈痛み〉〈他の身体感覚〉〈心的像〉（メンタル・イミージャリ　内的に生成《せいせい》された体験に向かうときに出てくるイメージ）〈意識的思考〉〈感情〉〈自分という感覚〉

これらのクオリア体験は、誰もがまさにそのときの自分だけの体験だと感じています。

だから、たとえばこの複雑な感情や入り組んだ思いは自分にしかわかるものではないなどと思います。そういう体験をたくさん重ねているせいで、内心だけは他人に絶対に理解されるものではないという強い確信を持ったりするのです。

また、わたしたちはこのクオリア体験を簡単に説明できるほどの言葉を持っていません。クオリア体験を表現しようと思っても、物理的な因果関係を示す言葉を使うことしかできないのです。（このことについてヴィトゲンシュタインは『論理哲学論考』の最後に置いた「語りえぬものについては沈黙するしかない」という表現で示したという学者もいます）

一方、これら現象的意識の他に、心には心理学的意識というものがあります。それらは人間の機能的な面のことであり、だいたい次のように分けられます。〈覚醒《かくせい》〉〈内省《ないせい》〉〈報告能力〉〈自意識〉〈注意〉〈意図的なコントロール〉〈知る〉

このような心理学的意識は、すでに心理学者が実験などを使って研究している事柄ばかりです。

そのため、心理学的意識のみがあたかも心のすべてであるかのようにみなされている面もあります。

このように現象的意識と心理学的意識の二面を人間の心は持っているわけですが、この二つは明白に分けられているのではなく、密接に重なりあっています。しかも、現象的意識が現れるときは、必ず心理学的意識も現れているのです。

たとえば、人間が幸せを覚えているときは、クオリアがそのように感じているだけではなく、内的状態が、たとえば物理的に満たされた状態が同時に起きているわけです。しかし、どのようにしてその二面が重なっているかはわからないのです。

そこで、チャーマーズは思考実験としてゾンビ（死者のよみがえりという本来のゾンビの意味ではなく）を持ち出してきます。人間とそっくりのゾンビです。

本物の人間とのちがいは、ゾンビが現象的意識である心を持っていないことです。そういう心を持っていませんが、心を持っているかどうかについて質問すれば、ゾンビは平然として「心はあります」と答えるのです。

だから、彼が人間でないことを外から見破ることはできません。現象的意識がないだけで、心理学的意識はすべて満たしていますから、動き方や話し方、物事への反応の仕方は人間とまったく変わりはないのです。

では、いつの日か、このゾンビに現象的意識が生まれてくるのでしょうか。もしそういうことがあるならば、身体という物理的なものが、現象的意識を生むことになります。ところで、物理的なものはすべて、因果律にしたがいます。しかし、現象的意識は因果律にまったくしたがいません。そのような現象的意識は、(因果律にしたがうしかない)物理的なものから出てくるものなのでしょうか。

要するに、現象的意識は、物理的な身体から独立したものなのです。この根拠から、チャーマーズは人間の本質は心だとみなします。

彼のこういう立場は、人間には物理的な身体と非物理的な現象的意識があると主張するため二元論の一種になりますが、デカルトの単純な二元論とは異なっていて、自然主義的二元論と呼びます。

65 精神や感情は、「物理的なもの」なのか？

「心とは思考だ」

――スティーブン・プリースト

1954～　イギリス生まれ。ケンブリッジ大学で哲学を専攻。エジンバラ大学哲学科講師の他、各大学の講師、客員教授。現在は著述業。

心と体について唯物論者は、「心的とされている出来事は、本当のところは物理的である」とか「物理的な出来事だけが存在している」と主張します。心的なことが物理的だというのですから、精神も感情も物理的なものだということになります。つまり、脳内での化学変化や電流の走り方がその心的なものの正体だというわけです。

こういう主張に対して、プリーストは『心と身体の哲学』（1991）で、矛盾をいくつもあばきだします。その一つは、唯物論者が心的出来事はつまるところ物理的出来事だとしている点です。なぜこれが矛盾かというと、心的出来事は物理的な大きさを持っていないのに、必ず物理的な大きさを持つ物理的出来事だと唯物論者が述べているからです。（心的出来事は物理的な大きさを持ってはいないとはいうものの、たとえば「大きな悲しみ」といった表現のように心理的な大きさを述べるではないかという反論はあるでしょうが、その「大きな〜」という表現は伝達の効果のためのたんなるレトリックの比喩にすぎないのであって、物理的に計測可能な大きさを持っているわけではないことは当然です）

心的出来事と物理的出来事の特徴について、プリーストは次のように整理しています。（ここに掲げるのはその一部分）

心的出来事 ―― 時間的、私秘的、訂正不可能、内的、単一、目に見えない、主観的

物理的出来事 ―― 時空間的、公共的、訂正可能、外的、多様、目に見える、客観的

誰にでもわかるように、ここにあるリストの一方の概念をもう一方の概念に還元することは不可能です。しかし、唯物論ではそれを平然と行なっているのです。つまり、唯物論は論理的な間違いを犯しているのです。

プリーストとしては、心とは思考力を持っていることだと述べています。思考とは何かというと、次のような活動を含んでいることを指します。「反省する、予期する、決定する、想像する、記憶する、驚く、熟考する、意図する、信じる、信じない、瞑想す

る、理解する、推論する、術語づける、内観する」（河野哲也他訳）

思考は言語を使う他に、イメージを抱くという形での思考もありえるといいます。

66　わたしたちの「行動」は、いつ決定されるのか？

「行動しようという意識が生まれる前にすでに脳が行動の準備をしている」

――ベンジャミン・リベット

わたしたちが何か行為をするとき、その行為の決断をいつしているのでしょうか。たとえば、部屋から出て車庫に行くといった複雑な行為ではなく、自分の手首を曲げるといった単純な行為のための意思決定はいつ行なわれるのでしょうか。

脳科学者ベンジャミン・リベットは、こういう行動とそのための神経事象の時間的関係を人体で実験して驚くべき数値結果を導き、『マインド・タイム』（２００４　原題は

1916〜2007　アメリカ生まれ。シカゴ大学医学部をへて医師。カリフォルニア大学サンフランシスコ校生理学科名誉教授。

MIND TIME）にまとめました。

それによれば、被験者は手首を曲げる行為を始める約0・2秒前に（被験者によって）その意思を持っていました。

この実験のとき、リベットは脳波計で被験者の運動準備電位も計測していました。運動準備電位（Bereitschafts potential）とは、手足などを動かそうとする前に脳内で起きる電位変化のことです。それが認められるというのは実行の準備段階にあること示しているわけです。

そうして実験をしてみると、手首を曲げる0・55秒前に運動準備電位がありました。被験者本人は実際に手首を曲げる約0・2秒前の時点で手首を曲げようという意思を持ったはずなのですが、その意思が生まれた時点よりも0・35秒も前の時点において被験者の脳においてはその準備が始まっていたのです。

これは、本人が手首を曲げようという意思を持つ前にその人の脳ではすでにその準備をしていたということを意味しています。手首を曲げようという意思を持ったから、そのことが次に脳に運動準備電位をもたらした、というわけではないのです。

リベットは実験結果として現れたこの時間差について、意識をともなう感覚経験のためには脳の活動の持続が最低でも0・5秒間でなければならないとみなしました。

では、それよりも短い時間の場合はどういう状態なのか。それが無意識の状態だというのです。ただし、フロイトやユングのいう意味での心の深い場所にある無意識ではなく、現実の物事について気づきや意識（原語ではアウェアネスawareness）を向けることがない状態のことをリベットは無意識と呼んでいます。

そういう無意識が明らかに認められるということはまた、わたしたちはいつもこの現実のあらゆる瞬間に対していちいち反応しているのではなく、いつも今という現実からだいたい0・5秒は立ち遅れて対処しているということを意味しています。

しかしながらわたしたちの実感では、その遅れに気づくことなく今をまさしく今だと思っているのです。なぜそうなのかというと、わたしたちが主観的に世界の物事を0・5秒さかのぼって認識しているからだというのです。

67 「意識がある」とは、どういう状態なのか？

「意識は脳幹から生まれてくる」

――マーク・ソームズ

現代では一般的に「意識がある」という言い方は、知覚が正常に働いていて本人が自己や周囲の状況を認識できている、という意味で使われています。また、今の行動が自分でわかっている状態であれば正常な意識があるともされています。

この意識というものは、いったいどこから生まれてくるのでしょうか。それは大脳皮質だと考えられているのがふつうです。大脳皮質とは大脳の全体に広がっている薄い層のことです。この大脳皮質で広範な障害が起これば意識障害が引き起こされるため、意識と関連している場所だろうと考えられているわけです。

したがって、水無脳症《すいむのうしょう》の小児は生まれつき大脳が形成されることがなく、かつ、脳が

1961〜　南西アフリカ（現在のナミビア共和国）生まれ。ウィットウォーターズランド大学卒業。ケープタウン大学で教える。神経精神分析学会を立ちあげる。

水で満たされているために意識を持つことはないはずなのですが、その小児たちには意識があります。彼らはいわゆる植物状態でも昏睡状態でもありません。それどころか、水無脳症のある女児は自分の弟である赤ちゃんを膝に乗せたところ、その喜びを顔いっぱいに浮かべたりしたのです。また、大脳皮質をとりのぞいたラットはふつうのラットと同じような動きをするし、ふつうのラットより活動的で情動的な反応を示します。48歳のある男性患者は単純ヘルペス脳炎で大脳皮質が完全に破壊されていたのですが、彼もまたふつうの人のようにインタビューに答えることができました。

そのような臨床と実験と考察をくり返した結論として、ソームズは『意識はどこから生まれてくるのか』（2021　原題はThe Hidden Spring）で、意識は大脳皮質からではなく、脳幹の網様体《もうようたい》の中核部から生まれてくるとし、その場のことを比喩的に「隠された泉」と呼びました。

これまでの150年の間、意識と知性は重なっていると考えられていたので、知性の座である大脳皮質が意識の座でもあるとされていました。ソームズはしかし、意識は知性よりもはるかに原始的なものであり、ヒトであっても魚であってもその脳幹の網様体から生まれてくるとしたのです。ですから、感覚情報が入ってくるこの脳幹の網様体が損傷を受けると、意識は完全に失われることになります。
「意識は知性と混同されてはなりません。痛みが何であるかについて内省することなく痛みを感じることは完全に可能です。同様に、食べたいという衝動、空腹の感じは、生《せい》の困窮についての知的理解を意味するものではありません。意識は、その基本的な形、つまり生《なま》の感じにおいては、驚くほど単純な機能なのです」（岸本寛史・佐渡忠洋訳）

68 「昨日の自分」と「今日の自分」は同じなのか？

「人間自身にしても同一ではない」

――ミシェル・ド・モンテーニュ

モンテーニュは『エセー』（１５８０／１５８８）の第2巻で、すべてが同一ではないこと、人間の場合でもいつもその人のままではおらず、絶えず変化していると述べてい

1533～1592　フランスの貴族の生まれ。13歳でボルドー大学に入り、哲学などを学び、トゥルーズ大学では法学を専攻。高等法院参議、ボルドー市長。

ます。

つまり、モンテーニュは一人の人間の同一性をも否定しているのです。日常の経験を引き合いにした共感を呼ぶ感性表現と誰にでもわかる文章で、彼は次のように書いています。

「昨日が死んで今日になり、今日が死んで明日になる。何一つとして同一のままでいるものはない。その証拠に、もしもわれわれが同一のままでいるとすれば、ときにはあることを喜び、ときには別のことを喜ぶというのはなぜだろう。相反する事柄を愛したり、嫌ったり、誉めたり、けなしたりするのはなぜだろう。同じ頭の中に、同じ感情をもちつづけないで、違った愛情をもつというのはなぜだろう。～中略～自然の中にもそのままにとどまるもの、実在するものは何もない。すべては生まれたか、生まれつつあるか、死につつあるかのいずれかである」（原二郎訳）

69 「ずっと変わらない」人間は、存在するのか？

「同じ人物ならば、意識が連続しているはずだ」

――ジョン・ロック

政治哲学者ロックの名前は、「生まれたばかりの人は、文字が書かれていない白紙《タブラ・ラサ》のようなものだ」と主張したことで有名になっています。つまり、知覚や経験をすることによって人間は知識を持つのだという主張です。

しかし、知覚や経験がどのようにして知識になるのかということについては述べていません。ロックの哲学がそれほど厳密でないのは、自分たちの行ないに関係がある範囲のことだけを知ればいいという姿勢に立っているからです。

人が同じ人物のままであり続けるという同一性の問題についても、ロックの態度はさほど厳密ではなく、「その同一性を決めているのはその人の意識の連続性だ」と『人間

1632～1704　イギリス生まれ。オックスフォード大学で学ぶ。修辞学講師などをへて政治哲学者。

知性論』（1689）で次のように書いています。

「この人格性は、ただ意識によってだけ、現在の存在を越えて過去のものにまで拡大される」（大槻春彦訳）

つまり、意識が一本の確固としたものとして貫いていて、それが同一性の軸となっているという考え方です。

これに対して、トマス・リード（1710〜1796　スコットランドの哲学者）が意識の連続性が見られない場合もあるという思考実験をしました。それは次のようなものです。

ある少年が果樹園で盗みを働き、学校の先生からムチで打たれた。その少年は成長して軍隊に入り、将校となった。彼は最初の戦闘で敵から旗を奪いとった（そのとき、過去にムチ打たれたことを意識していた）。やがて彼は将軍になったが、そのときには敵から旗を奪ったことを覚えていても、奪ったことでムチ打たれた学校時代のことはもう意識になかった。

こういうふうにリードは、ロックの説明とこのような実例にちがいがあるではないかと指摘したわけです。

Column

思考実験No.4

「モリヌークス問題」

「触覚と視覚は生まれつき結びついているのだろうか」

ジョン・ロック
1632〜1704　イギリス生まれ。オックスフォード大学で学ぶ。修辞学講師などをへて政治哲学者。

17世紀のアイルランドにジョン・ロックの哲学を紹介した知識人ウィリアム・モリヌークスがロック宛ての手紙に書いた人間の知覚についての思考実験がのちに「モリヌークス問題」と呼ばれて有名になりました。その問題の内容とは次のようなものです。
「生まれつき目の見えない人が大人になり、同じ金属でほぼ同じ重さの立方体と球体を触覚で区別することを教わり、その区別ができるようになった。そして、この人はやがて目が見えるようになった。その場合、さわることをせずに、テーブルに置かれた立方体と球体の区別ができるだろうか」

この問題について、モリヌークスは区別ができないと書いており、ロックもまた同じく区別ができないと考えました。（現代でも、これは区別できないと考えられています）

区別ができないとするロックの根拠は、知覚そのものがすぐさま概念になってしまうことはないし、概念は経験よりも前には存在することがないからだ、と考えるからです。

つまりこれは、人間はなんらかの概念を持って生まれてくるわけではない、ということを意味します。また、すでに経験から得て形づくられた概念と、経験していない事柄の概念を結びつけることもできないとロックは考えます。その二つを結びつけることができるようになるためには、さらに多くの知覚の経験が必要となるはずだというわけです。

ちなみに、モリヌークスがロック宛ての最初の手紙において書いた思考実験は、「目の見えない人が見えるようになったとき、距離ということを理解できるだろうか」というものでした。もちろん、この答えもまた先ほどの理由から、距離を理解できるはずがないという否定になります。

Part 5

古代中国で生まれたさまざまな仮説の思想

70 「立派な人」になるには、どうすればいい？

「仁を身につけよ」

――孔子

中国の周の時代（紀元前11世紀）を復古させることを理想とし、中国最古の文献であった『詩』と『書』の世界をよみがえらせたいと思っていた孔子《こうし》は、身分制秩序にもとづいた社会における道徳となる新しい徳の概念を中国の精神文化にもたらしました。

その新しい徳の概念とは、『詩』と『書』にも記されていた「仁《じん》」です。この「仁」に孔子は新しい内容を含めて強調したのですが、「仁」を明確に定義づけることはしていません。ただたんに、どういう行為が徳にまで高まった「仁」にあたるのかを状況ごとに説明しているだけです。

それらを総合すれば、「仁」はおそらく「愛」に近い概念といえます。とはいうもの

紀元前552～前479 魯《ろ》の国の生まれ。中国最初の私立の高等教育機関を設立。市長や中央政府の土木部長を務めたこともあったが、56歳以降は弟子らと亡命生活。言行を伝えた『論語』が有名。

の、個人的な愛着や執着からは遠い概念であり、それよりもいっそう社会的に有用な行為の数々、尊敬、思いやり、配慮、謙譲《けんじょう》などに近いものです。具体的には、他人を思いやる、自己も他人もあざむかない、親を大切にする、兄を尊敬する、といった態度です。

そして孔子は、この「仁」を政治で活用するよう努め、いわゆる「立派な」君子《くんし》（字義的には紳士という意味があるが、孔子としては世のために尽くす国の君主をも意味していた）の登場を待望して働きかけもしましたが、実際には実現しませんでした。

「仁」は理想の概念ではなく、実践のための方法でした。「仁」は誰によっても実践できる、いいかえれば人は陶冶《とうや》（教育して変えていくこと）できると孔子は考えていたのです。（ここから、戦前の日本では道徳教育で孔子の『論語』の一部を臣民教育の教材として為政者の勝手な解釈で使っていました）

そして多くの人が「仁」という徳を身につけて対人関係で発揮しさえすれば、公正で安定した社会になると考えたのです。しかし、孔子のこういう主張には、「仁」の必要性を示す根拠となるものが欠落していました。

71 「真の道」とは、どういうものか？

「最高の善は水のようなものだ」

――老子

約5000字の断章を全81章に編纂した、短いながらも世界でもっとも多く翻訳された書物『老子《ろうし》』は、すべての中心に「道《タオ》」を置き、その「道」がどういうものであるかを、比喩、提喩《ていゆ》、換喩《かんゆ》などを使って観念的に述べています。

なお、この「道」は「無」でもあり、自然の物理法則のいいかえでもあります。老子の思想のいくつかを簡単にすると次のようになります。

・最高の善ならば、それは水のようなものだ。水はすべてを助け育て、高みには立たず、低い場所へと流れる。

紀元前5世紀～前4世紀頃の人物と伝えるものもあるが、複数の思想家によって造形された虚構の人物ともされる。

・真の道は、固定された道ではない。すべては変化し、道もまた変化する。真の道に沿おうとするならば、無為をなすことだ。無為とは、とりたてて作為をほどこさず、物事が自然に流れるままにしておくことだ。

・戸口や窓というのは、そこに何もないからこそ、戸口や窓として役立っている。これが有の中における無の働きである。

・道は一を生む。一は二を生み、二は三を生み、三はすべてを生む。

・なまはんかな知識ならば持たないほうが、迷いがなくなる。

・ここにあるもので満足することを知れ。

・美はいつも美だと考えることは悪である。美は醜でもある。

・仁だの義だのといった道徳などは作為にすぎない。

・あらゆる真なるものは自然のままだ。だから、真らしく見えないのだ。

後漢の末（紀元200年頃）から、老子の教えには占い、風水、迷信、神仙の術、呪術、姓名判断など雑多なものが加わり、もとの老子哲学からかけ離れた道教という宗教じみたものが生まれ、その道教の信者は台湾、東南アジアの中国人に広まりました。

72 どうすれば、「争い」はなくなるのか？

「別愛ではなく、兼愛を」

――墨子

墨子《ぼくし》は、当時の混乱した社会を救うためとしてかかげた「十論」と呼ばれる十の主張で知られています。それは次のようなものです。

・尚賢《しょうけん》…能力や知識にすぐれた人材を登用すること。
・尚同《しょうどう》…各地位のすぐれた担当者にしたがうことによる役割分担と社会秩序の維持。
・兼愛《けんあい》…自分に関係する人と赤の他人を区別なく愛すること。
・非攻《ひこう》…非戦を貫き、侵略戦争をしないこと。
・節用《せつよう》…統治者は無用な消費をしないこと。

紀元前470頃～前390頃　魯の下級武士、あるいは手工業者の出身。救世のための学団を魯に創設。それが墨家《ぼっか》と呼ばれる思想家集団となる。

・節葬《せつそう》…葬儀を派手に行なわない。
・天志《てんし》…天の意思を汲んで兼愛と非攻を実践すること。
・明鬼《めいき》…自然の神々、死霊から断罪されないためにも犯罪行為をしない。
・非楽《ひがく》…貴族たちが器楽演奏などにかまけないこと。
・非命《ひめい》…宿命にこだわったりせずに自分なりに努力をすること。（宿命の否定）

墨子は人を愛するということに重点を置くため、その点が孔子の「仁」と似ているように見えます。しかしながら孔子がいうところの愛は、自分の身内から氏族、関係者、他人へという区別と濃淡《のうたん》があります。それを墨子は「別愛」と呼んで強く批判しました。

墨子によれば、戦争や反乱が起きる原因はみんなが互いに愛さないからだというのです。互いに愛するようにすれば、すべては収まる、というわけです。また、自分から愛せば、相手も愛してくれて互いのためになるとし、これを「兼愛交利《けんあいこうり》」と呼びました。

墨子は、人々を公平に愛する人格神のようなものとしての天の存在を信じていたといいます。「兼愛」をその天から与えられている人間の義務とすら考えていたのです。万民のための政治という考えもそこから来ています。

この「兼愛」とならんで墨子の思想の特徴とされているのが「非攻《ひこう》」です。これは自分から攻め入ることはせず、相手から攻め入られた場合は防衛のみをするという意味です。実際に楚《そ》の国が宋《そう》の国に侵攻しようとしたときは、墨家の人間が300人集まって防衛態勢を整えたので、楚は侵攻を断念したと伝えられています。

墨子が音楽に反対していたのは、それを貴族が享受する贅沢だと考えたからです。音楽にふけるのは共通の利益がないどころか、政治をおろそかにすることだと考えました。墨子が中国の伝統であった派手な葬儀に反対するのは、当時の葬儀が多くの財物を死者とともに埋め、長い場合では一年も喪に服し、その間は働くことがなく、男女の性交さえ禁じられていたため、非生産的だと断じたのです。

墨子が構成した集団は墨家《ぼっか》と呼ばれますが、この墨家の成員はたんなる学者というよりも墨子の教えの信徒のようなもので、それぞれが熱情を持った行動家でした。

しかし、それまでの中国の伝統や習俗がなくなってしまうのを恐れた人々が多かったため、墨家は200年ですたれていきました。ちなみに、毛沢東《もうたくとう》（1893～1976中国共産党中央委員会の初代主席）は墨子を真の人民哲学者とみなしていたといいます。

73 この世に〝価値のない〟ものはあるか？

「すべては同じだ」

——荘子

荘子《そうじ》の作とされている『荘子』の一部の「内篇《ないへん》」だけが荘子が書いたものとされていて、その思想の中心は「万物斉同《ばんぶつせいどう》」というものです。この万物斉同とは、すべてが少しの差異もなく、まったく同じであり、よっていっさいがそのあるがままでよい、という考えです。

荘子によれば、一般に優劣、美醜、善悪、真偽、価値の上下などがあるのは、実際に質などのちがいがあるからではなく、たんに人の感覚や思考や言葉などといった人為的な区別によるものだというのです（この考え方は西洋哲学とほぼ同じです）。荘子はそのことを、有名な「朝三暮四《ちようさんぼし》」などの寓話《ぐうわ》を多用して説明しています。

紀元前370頃～前290頃　宋の国の生まれ。本名は荘周《そうしゆう》。かつては下級役人だったという。司馬遷《しばせん》の『史記《しき》』にも記載のある人物。

その中でも、「明鏡止水《めいきょうしすい》」などは有名な言葉として今でも残っています。これは、静止した水面にはすべてのものが映る、その水面のようにいっさいのことを受け入れよ、という意味です。世界のいっさいを受け入れてこそ、自由な生き方ができるというのです。その境地に入った人を、荘子は「真人《しんじん》」と呼びます。

「無用の用」も荘子による有名な表現です。これは、無用のものがそこにあってこそ他のものが有用なものとして成り立っているのだという意味です。

こうした言葉は、有用と無用に見えるものを事柄の価値の上下と考えない態度を持つことの重要性を示しています。そういうふうにしてこそ、日々起きる事柄をすべて受け入れる態度が生まれ、そこから苦悩や一喜一憂する生活を遠ざけていくことができるからです。

また、荘子はそれまでの儒教の思想を批判してもいます。仁や義といったところで、それらは人間の認識であり、その時代の世俗的価値観にすぎないではないか、というのです。さらには、そういうふうに批判する荘子自身についてもまた、自分の価値判断をあてがっていると自覚するのです。

有名な「胡蝶《こちょう》の夢」もこの認識についての寓話です。「胡蝶の夢」とは、荘子が夢の中で楽しく飛びまわる蝶になっていたという話です。目が覚めると、蝶ではなくて自分であった。そこで荘子はふと思うのです。自分が蝶の夢を見ていたのか、それとも、蝶がこの荘子という人間の夢をまだ見続けているのか……と。この話は、認識の指標など実はどこにもないではないか、という鋭い哲学的指摘なのです。

74　人間の本性は、「善」か「悪」か？

「四つの心が四つの徳を育てる」

——孟子

孔子（本書196頁参照）が社会的な行動と態度を中心に語った一方で、孟子《もうし》は一転して人間の内面についての分析、整理をこころみ、そこから彼なりの倫理の根底を構成

紀元前372頃～前289頃　魯の国の生まれ。孔子の孫の弟子から孔子の教えを学ぶ。学者として国政の顧問を失望してやめてから諸国を遊説《ゆうぜい》し、故郷に戻って教育と著述の生活を送る。

しました。

それによれば、孟子は人間には四つの先天的な善の心が備わっているとします。その四つは、惻隠《そくいん》の心、羞悪《しゅうお》の心　辞譲《じじょう》の心、是非《ぜひ》の心です。

・惻隠の心—他への同情心や感情移入のこと。
・羞悪の心—悪を恥じる心。
・辞譲の心—互いに譲歩《じょうほ》してゆずりあう心。
・是非の心—善悪を見分ける心のこと。

これらは人に先天的に備わる善の心だというのですが、後天的な環境によって忘れられることもあるといいます。そしてこの四つを四端《したん》と呼び、それぞれに伸ばしていった場合、四端はやがて仁、義、礼、智の四つの徳として完成するというのです。

「端」とは端緒《たんしょ》という意味で、ここでは人間の素質のことを指します。自分に備わったその素質を拡充できるかどうかは、その人しだいだというのです。

・惻隠の心を拡充↓仁（思いやりをかける）の徳
・羞悪の心を拡充↓義（正義を行なう）の徳
・辞譲の心を拡充↓礼（仁を形として行なう）の徳
・是非の心を拡充↓智（道理や知識をわきまえる）の徳

孟子のこういう考え方は性善説《せいぜん》とされています。なぜ人間の本性の端緒に善があるかというと、天が最高善であるならば、人に宿る天の性質も善であるよりほかはないと孟子は考えるからです。

そして、孟子は政治においても仁と義の道、すなわち、王が人民を愛する心でその生活が安定するように仁と義の統治を行ない、人民の善の性質を育てるようにすべきだとしました。これを王道政治といいます。

そして孟子はこの時代の王にも王道政治を進言したのですが、結局は聞き入れられませんでした。

75 人間を「正しい方向」へ導くにはどうすればいいか？

「行動には作為が必要だ」

——荀子

荀子《じゅんし》もまた儒学《じゅがく》（孔子を祖として主に道徳や政治の原理を考究して国家の統率に役立てようとする学問運動）の学者の一人ですが、それまでの儒学を一通り学んでから、それらを乗り越える実践的でかつ合理的な考えを生み出しました。

その根拠となったのが、孟子（本書205頁参照）の性善説とは逆の立場から見た人間の性悪説《せいあく》でした。

荀子はこう考えます。「人は生まれつき欲があり、利益を好む。その組み合わせから争いが生まれる。好むものをほしがるばかりに分別がなくなり、暴力が生まれる。だから、礼儀などの教化がなければならない。人の本性そのものは中立的なものではあるが、

紀元前298頃～前235頃　趙《ちょう》の国の生まれ。斉の国が集めた学者集団の長となる。

その組み合わせによって社会に悪をもたらすこともあることを鑑《かんが》みれば、そういう人間から社会的な善を生むには、どうしてもそこに偽《ぎ》というものがなければならない」

ここにある「偽」とは、作為《さくい》のことです。人間を自然のままにしておくと悪がはびこる可能性があるから、その自然性を社会的にまともな方向へと変化させなければならない。そこに必要になるのが作為、つまり、礼の規範、さまざまな制度だというのです。それらを外から与えてやって、人間社会にはっきりとした秩序をもたらすべきだとしたのです。

当時、300年以上にわたって血なまぐさい内乱が続けられていました。それを治めて国を穏やかに統治するためにどうしても礼（作法など規制された動作、言行、服装、道具などのこと）や制度の設置が必要だという荀子の進言によって、儒教はようやく為政者たちが採用する学として認められることになりました。孔子や孟子の考え方による王道政治（本書205頁参照）は、混迷の時代にそぐわなかったのです。

荀子のこういう儒教には宗教性はまったくありませんが、その後に儒教が国教とみなされるようになると呪術《じゅじゅつ》的要素が出てきて宗教性を帯びてくるようになります。

76

「国を治める」ためには、何が必要か？

「愛が多ければ法が役立たなくなる」

――韓非

『韓非子』という書物は韓非《かんぴ》自身と後代の人々によって書かれたものですが、その基調にあるものは韓非自身が持っていた深い人間不信です。荀子から学んだ韓非の人間観は、彼自身の身体的コンプレックスや当時の乱世が続いてやまない情勢とあいまって、いっそう非情なものとなっています。

韓非は、人間はろくでもないから信賞必罰《しんしょうひつばつ》（功績には賞を与え、罪には必ず罰を与えること）の法によって行ないを徹底的に縛って統治者は国内を治める必要がある、と説いているのです。その思想から、「法治主義《ほうち》」という概念が生まれたといいます。

古代中国にあっては、孔子（本書196頁参照）がとなえたように徳の感化で国を治

紀元前280頃～前233頃　秦の隣の小国韓の王族の子弟。荀子に学ぶ。政治家。

めようという徳治主義がありました。その次は孟子（本書205頁参照）がとなえたように仁と義による感化で統治するという王道政治があり、その次には荀子（本書208頁参照）がとなえたように礼で国を統治する礼治主義がありました。

韓非はそれまでのそういった統治方法でもなお乱世が収まらなかったではないかと批判し、真に国を治める方法として次のような自説を展開するのです。


「人間は自分の利害、損得だけで動く。恩愛などではつながってはいない」

「民衆を動かすのに必要なのは愛情や恩恵の心ではなく、法による厳刑と重罰だ」

「儒教の学者たちは政治に無知だ。国家の混乱を止めるのは外からの強い法の規制だけだ」

「昔の統治者たちがあっさりとその地位をしりぞいたのは人格の高潔さからではない。その地位の実入りと権勢がわずかだったからだ。今の役人どもがしつこく地位を奪いあうのは、その地位の権力と実入りが大きいからなのだ」

「君臣の関係を親子のようにしたならば政治がうまくいくと考えているようだが、世の中を見よ。仲たがいしている親子が多いではないか」

「法や賞罰は、国の口紅や白粉《おしろい》なのである」

「物事が成就《じょうじゅ》されるのは秘密が保持されるときだけだ」

「民衆の心を把握すれば治めやすいというのはまちがいだ。民衆の考えなど少しも役立たない」

このように韓非の政治哲学は、現代のわたしたちから見れば反民主的、かつ強権的、強圧的なものです。さらには専制政治の道を開くものでもあり、実際にその後の中国の国王たちは専制政治を行なうようになったのです。

なお、『韓非子』の文章から、「矛盾《むじゅん》」「逆鱗《げきりん》」「想像《そうぞう》」「唯々諾々《いいだくだく》」「信賞必罰」といった多くの表現が生まれ、現代のわたしたちはそれらを便利な言葉として使っています。

Column

思考実験No.5

「箱の中のカブトムシ」

「自分の痛みの表現は、本当は相手には伝わっていないのではないだろうか」

ルートヴィヒ・ヴィトゲンシュタイン

1889〜1951　オーストリア生まれ。シャルロッテンブルク工科大学、マンチェスター工科大学、ケンブリッジ大学で学び、50歳でケンブリッジ大学教授。

ヴィトゲンシュタインは彼の後期の研究メモを後年に編纂した『哲学探究』（1953）において、「箱の中のカブトムシ」という思考実験を行なっており、それはおよそ次のようなものです。

みんなが箱を一つ持っている。その箱の中にはカブトムシと呼ばれるものが入っている。しかし、他の人の箱の中をのぞくことはできない。そして、それぞれの人が自分の持っている箱の中を見るだけで、カブトムシがどういうものであるかを知っていると言う。しかしながら、その箱の中にカブトムシではないものが入っている可能性がある。あるいはまた、何も入っていないこともありえる。

この奇妙な思考実験でヴィトゲンシュタインが述べようとしているのは、自分が感じる痛みについていろいろと述べることは、自分が持っている箱の中にいるというカブトムシについて述べることと同じではないか、ということです。

つまり、痛みについてではなくても、自分では相手によく伝わっていると思って話してはいるのですが、本当に伝わっているかどうか、あるいは、相手にも同じように理解されているかどうか、保証されてなどいないのです。

ヴィトゲンシュタインはこのようなことも書いています。(丘沢静也訳)

「どのようにして私は、その人に対する同情でいっぱいになるのか? 同情の対象がなにであるのかは、どのようにしめされるのだろう?(同情とは、言ってみれば、他人が痛がっていることを確認する形式である)」

「自分で自分の感覚をさしながら、――〝大切なことはこれなんだ〟と言うのが私たちは大好きだ。このことからもわかるように、私たちは、情報でないことを言いたがる傾向が強い」

Part 6

時間をめぐる仮説とパラドックス

77 「今現在」は、本当に存在するのか？

「時間は実在していない」

――ジョン・マクタガート

マクタガートは「時間の非実在性」という短い論で、時間はunreal《アンリアル》だ、つまり、時間はリアルな存在ではない、としました。

リアルな存在というのは、この自分とは関係を持たずにそれ自体で存在しているもの、要するに現実の中で客観的に存在しているもののことで、これを実在と呼びます。

では、そういう意味で、神は実在だといえるでしょうか。

神は存在しているものではありうるけれど、実在ではありません。なぜならば、神を信仰している人にとって神は感じることができるほどに確かな存在ではあるだろうけれど、神を信仰していない人の前に「これが神だ」と持ってきて客観的に見せることが可

1866〜1925 イギリス生まれ。ケンブリッジ大学トリニティカレッジの哲学者。イギリス観念論。バートランド・ラッセルのお茶会の仲間だった。

能な存在ではないからです。

そういう意味において、机の上の筆記具や道ばたの石ころ、塀の上の猫といったものは実在だといえます。

またマクタガートは、時間について考究した結果、時間は存在ではあるけれど実在ではないといいます。


わたしたちは、時間を「過去―現在―未来」という流れの系列としてとらえているのがふつうでしょう。

しかし、何か一つの出来事について、この三つの時制のいずれかにくっきりと分けることは本当に可能なのでしょうか。

たとえば、現在の出来事だという場合でも、現在とはいつのことを指すのか誰が明白にいいうるでしょうか。

当然のことながら、現在という不動の点を示す標識を今ここに立てることなどできません。なぜなら、「今この現在において」と口にするやいなや、その「現在」はすぐさま過去になっていくからです。

ありとあらゆる現在はみるみるうちに過去になり、未来もまたいつまでも未来のままではなく、やがて現在と呼ばれるようになります。

つまり、「過去—現在—未来」は言葉の上ではいかにもくっきりと分けられてはいるものの、実際の「過去—現在—未来」は互いに混然と入りまじっていて、グラデーション状態になっているのです。

ということは、どんな出来事であろうとも、「過去—現在—未来」という時間の内側のどこにもぴったりとはあてはまらないので、存在しているとは到底いえないことになります。

しかし、実際には出来事は存在しているし、実在しています。つまり、そこに実在していないものは、「過去—現在—未来」という時間のほうなのです。

したがって、マクタガートは結論として次のように書いています。(なお、ここにあるA系列という表現は、時間を「過去—現在—未来」で考えることです。また、実在とは実在している個々のもののことです)

「A系列を実在に適用することは矛盾を含んでおり、したがって、A系列は実在にはあてはまりえない。そして、時間はA系列を含んでいるのだから、時間は実在にあてはまりえない。われわれが何かを時間のうちに存在していると判断するとき、われわれはつねに間違いを犯しているわけである」（永井均訳　以下同）

このように考えるマクタガートにとって、時間ばかりか、空間も物質も現象（見かけ上のもの）にすぎないものです。

物質もまた見かけ上のものだという理由は、人それぞれにとっての知覚と経験が異なっていることに根拠があります。

だから彼によれば、実在するものとは、個々人の心とその内容が成分となった精神的なものだというわけです。

また、マクタガートは『時間の非実在性』の最初のほうで次のように書いています。

「（キリスト教の）神秘主義のほとんどすべては時間の実在性を否定しているのである。哲学においてもまた、スピノザ、カント、ヘーゲル、ショーペンハウアーが、時間を実在しないものとみなしている」

78 「時間」と「存在」の関係とは？

「存在はみな時間である。（いはゆる有時は、時すでにこれ有なり、有はみな時なり）」

――道元

道元《どうげん》が生涯をかけて書いた『正法眼蔵《しょうぼうげんぞう》』の中に「有時《うじ》」（この有時という表現は道元の造語）という巻があり、ここで道元は時間と存在について語っています。

その中核となっている一行は、次のようなものです。

「いはゆる有時は、時すでにこれ有なり、有はみな時なり」。

現代語に訳すと、「時間は存在であり、存在は時間である」となります。

これは、時間というものが存在している、という意味ではありません。人間、動物、植物、物質など、「存在するあらゆるものが時間そのものなのだ」という意味になります。また、「存在しているものすべてがそのまま時間でもある」ともいうのです。つま

1200～1253　京都生まれ。24歳で南宋《なんそう》に渡って禅の修行をし、27歳で帰国。（現在の福井県に）永《えい》平寺《へいじ》を開く。日本の曹洞宗《そうとうしゅう》の開祖。『正法眼蔵』は1816年まで永平寺に秘蔵されていた。

り、「存在＝時間」だというわけです。

道元のこの主張は、現代の文化に生きる多くの人にとってまったく理解しがたいことでしょう。なぜならば、だいたいの人は、時間は自分の外側を一定の速度で流れている透明な川のようなものであって、そういう時間が存在している物や人間そのものであるはずがないと思うからです。（本書218頁参照）

ではなぜ時間が存在そのものだというのか、道元はその理由をこう述べています。

「われを排列《はいれつ》しおきて尽界《じんかい》とせり、この尽界の頭頭《ずず》物物《もつもつ》を時時《じじ》なりと覰見《しょけん》すべし。～中略～われを排列して、われこれをみるなり。自己の時なる道理、それかくのごとし」

ここにある「排列」とは配列のことであり、並べ立てることです。尽界とは、全世界のことです。したがって、この文章をわかりやすくすると次のようになります。

「人は、自己を配列しておくことで周囲のいっさいを全世界とみなす。この全世界にあるあらゆるものを時とみなす。その自己をも配列して、その自己も時とみなす。これが、自己もまた時だという道理である」

これをさらにわかりやすく説明すると、次のようになります。

人間は周囲にあるものをそれぞれに並べて、そのすべてを世界とみなすことをしています。しかしながら、自分の眼に映る多くのものをそのまま客観的に（たとえばカメラのように）見ているというわけではありません。一つひとつのものに意味を与えています。それぞれなんらかの意味があるように、ものを時空間の中に「配列」しているのです。そうすることで、そのものたちの「配列」には意味の関連性が生まれてくる。そして世界に存在するものにいろいろな意味が生まれてくるのです。

そして、そういう意味づけをする主体である自己は、（自分で気づくこともなしに）自己そのものをも意味づけして、全世界の中に「配列」しているのです。

もし、人がそのような「配列」をしなければ、もの自体がただ存在しているかどうかなどわからない。したがって、ものを見る、ものに意味を与える自己というものもないはずなのです。

また、人によるこの「配列」は、存在しているあらゆるものを同時に「時」化しています。いいかえれば、自己がものに意味を与えることで、そこにさらに時間というものが与えられることになります。

たとえば、今そこにいてこっちを見ているシマリス、昨日は木に登っていたシマリス、というふうに、ある生き物に空間の他に時間までもが与えられることになります。そういうふうにして、全世界に、また自己自身に時間がくっつけられることで、それらは存在としてわたしたちに見られるのです。

したがって、あらゆる存在は必ず時でもあり、当然ながらこの自己も時だということになります。そもそも本来はどんな存在も「空」（そのもの自体では存在しえないこと）であったのですが、人の認識がそれらを「空」ではないように見せ、「空」ではないように感じさせているというわけです。だから、「存在はみな時間である（有はみな時なり）」と道元は書いたのです。

これが、道元の「有時」論の核心です。

なお、『正法眼蔵』の「現成公案《げんじょうこうあん》」の巻には、次のように書かれています。

「たきぎはひとなる、さらにかへりてたきぎとなるべきにあらず」

これは、「薪は火となって燃え、それがまたもや薪に戻ることはない」という意味です。

あたりまえのことのようですが、これに続く文章で道元は「薪が燃えて変化し、灰になるのではない。薪は最初から最後まで薪であり、灰は最初から最後まで灰なのである」と述べています。つまり、薪は薪の時にあるからこそ薪の姿であり、灰は灰の時にあるからこそ灰の姿だということなのです。

79 時間とは「在る」ものか、「生まれる」ものか？

「世界はたえまない創造の連続である」

——イブン・アラビー

イスラム教の神秘主義者であったイブン・アラビーは、時間について、道元の有時論（本書222頁参照）と似たようなことを述べています。

つまり、世界の存在と時間は連続してそこにあり続けているのではなく、そのつどの瞬間に新たに生まれることをくり返しているのだというのです。これは、すでに存在し

1165～1240　セビリア（現在のスペイン）のムルシアの名門に生まれる。旅を続け、主にシリアで活躍したイスラム神秘主義の思想家。「最大の師」という称号で呼ばれる。

ているものが新しくなっていくという意味ではなく、時間も含めていっさいが一から生まれてそこにそのつど存在するという主張です。

これはアラビア語で「ハルク・ジャディード」といい、新しい創造という意味です。井筒俊彦はこれを「創造不断」と名づけ、『コスモスとアンチコスモス』で次のように説明しています。（各国語に堪能《たんのう》だった井筒はイブヌ・ル・アラビーという表記を使っています）

「時々刻々の創造。〝時々刻々〟とは何か。〝時々刻々〟に、一体、何が起るのか。〝創造〟とは、イブヌ・ル・アラビーにおいては、一瞬一瞬に新しい、神の自己顕現《けんげん》であった」

このように、道元との大きなちがいは、イブン・アラビーが存在の根源に主役としての神（アッラー）を置いていることです。したがって、無限定の絶対存在としての神がそのつど自己を現してくるのが世界に存在するものだというのです。

では、人間とは何かというと、たんに神の現出《げんしゅつ》が映る鏡でしかないわけです。そして、神が「最も完全な形で人間に具現《ぐげん》した場合、そこに〝完全なる人間〟が生じる」（井筒俊彦『イスラーム思想史』岩波新書）というのです。

そして、この雑然とした世界は、わたしたち人間が全体として認識できないから雑然としているように見えているのであって、しっかりと認識できれば、「一」の世界にすぎないとわかる。要するに、そこには神（アッラー）しかいないとイブン・アラビーは主張するわけです。

80 時間とは「相対的」なものか、「絶対的」なものか？

「絶対的な真の時間は、外界の何ものとも関係がない」

——アイザック・ニュートン

時間とは何かについてニュートンは、『自然哲学の数学的諸原理』（1687）の定義Ⅷで、だいたい次のように述べています。

絶対的な、真の、時間というものが存在している。その時間は、外界の何ものとも関

1642〜1727　イギリスのリンカンシャー生まれ。ケンブリッジ大学トリニティカレッジで学ぶ。数学者、自然哲学者。キリスト教の三位《さんみ》一体《いったい》論を否定する。

係がないし、影響されるものでもない。この時間はひたすら均一に流れている。だから、時間の別名を持続《じぞく》（ラテン語でduratio《ドウラチオ》）という。

この真の時間の代わりとして人々が使っているのが、相対的な、見かけ上の、日常的な時間であり、それが一時間とか一日とか一年というものだ。

では、わたしたちは日常で時間をどのようにとらえているのでしょうか。わたしたちは時間を見たり把握したりできないので、物の具体的な運動、たとえば時計の針の動きや砂時計の砂の流れのようなものとして時間をとらえています。だから、それこそが相対的な時間、見かけ上の時間となります。それでいながらも、現代人はニュートンがいうところの絶対時間が流れているとも信じているのです。

ニュートンのこの絶対時間の概念は、アインシュタインの「相対性理論」（１９０５～１９１５）の出現まで支配的なものでした。ところがアインシュタインは、非常な高速で移動しているときには重力の影響を受けるために時間は均一に流れないとしました。つまり、時間は外界の何ものとも関係がないというニュートンの主張を否定したのです。

81 「時間」とは、何か？

「時間は、人が内に持っている認識の道具の一つだ」

——イマニュエル・カント

時間について、カントは主著『純粋理性批判』の「先験的原理論」でおよそこのように述べています。

時間はそれだけで存在しているようなものではない。物に付属しているものでもない。時間とは、人間の内にある直観の形式の一つなのである。

この場合の直観とは、精神による直観のことであり、要するに対象を認識するということです。したがってカントは、時間とは人間が外界にあるものが何であるかを知るときの装置の一つにすぎない、と述べているのです。

ということは、時間という装置がとらえられる範囲に入らないような対象がそこに

※61頁参照

あった場合、わたしたちはそれを感知できないということになります。

要するに、わたしたちはモノそのものを直接に知ることができないというわけです。いくらわたしたちが何かを間近に見ているとしても、それはわたしたちの感官、すなわち認識の装置にとらえられている範囲にとどまるのです。

だから、それはモノの全体だというわけではなく、わたしたち人間の感官があたかも実在であるかのようにとらえている部分的なものでしかありません。

いいかえれば、それはわたしたちの感官の経験によってあたかも実在らしく感じたものにすぎず、そのことをカントは「経験的実在性」と呼んでいます。

つまり、そこにモノがあるかどうかはモノの実在によるのではなく、わたしたちの持っている感官がキャッチできる範囲に入る場合によるのです。そういうふうに感官にとらえられるモノでない場合、そのモノは存在していないとみなされるのです。

このように人間が時間という枠組みをモノに与えることによってのみ対象を見ることができるという考え方は、道元の「有時論」（本書222頁参照）とたいへんよく似ていると気づかされます。

82 時間は「巡る」ものか、「進む」ものか？

「時間は終末に向かっている」

――『聖書』

ユダヤ教の『聖書』も、キリスト教の『新約聖書』も、時間についての言及の少ない書物です。『聖書』は神による世界創造「創世記」から始まっているのですが、時間とその区切りもまた神が創造したものとされています。

「神は仰《おお》せになった、〝天の大空に光るものあれ。昼と夜とを分け、季節と日と年とを定める徴《しるし》となれ…〟」（フランシスコ会聖書研究所訳　以下同）

そして『新約聖書』では、この世には終わりが来るとされます。そのときにイエス・キリストが再び現れ、すべての死者がよみがえり、すべての人間が最後の審判にかけられるというのです。そのときに今までの天と地はなくなり、つまり時間はこの世の終わ

成立紀元前5〜前4世紀頃

りには存在しなくなって、新しい天地が現れるというのです。

「また、わたしは新しい天と新しい地を見た。先の天と先の地は消え去り、もはや海もない」（『ヨハネの黙示録』第21章）

こういった表現はすべて、一個の人間が生き方を良い方向へとあらためていくことの暗喩《あんゆ》（レトリックの一種で、「何々のようだ」と書かずに直接的に別のものと結びつけて強調する表現技術）であると解釈するのが妥当だと思われるのですが、近代までは『聖書』に記された表現そのもののことが実現すると「信仰」されてきました。

『聖書』も『新約聖書』も古代に成立した書物なのですが、その古代にあって時間は循環《じゅんかん》しながら永遠に続いていくものだと考えるのがふつうのことでした。たとえば、紀元前3世紀頃に生きたユダヤ人のコヘレトは、すべてがくり返されるのみということをこのように悲嘆をまじえて書き残しています。

「かつてあったことは、いずれまたある。かつてなされたことは、いずれまたなされる。日の下《もと》には新しいものは一つもない」（『コヘレト』第1章）

そういう時間感覚を持つ人が多かった時代にあって、なぜかこの二つの書物は時間には始まりと終わりがあり、その終わりに向かって時間は一方的に進むとしたのです。

現代社会に生きるわたしたちもまた、時間を未来に向かう一方的な「流れ」のようなものだと考えていますが、それは戦争、侵略、支配、商行為とともに世界的に広まってきたキリスト教の思想の一つである時間についての考え方から影響されてきたものでしょう。

83 時間は「独立した存在」なのか？

「時間は空《くう》である。つまり、時間は時間自体では存在しない」
――ナーガールジュナ

ナーガールジュナは『中論《ちゅうろん》』の第19章「時間の考察」にわずか6行の独特の時間論を書き、その結論を、「時間それ自体は存在しない」としました。その根拠は、およそ次のような考えからです。

150頃～250頃。南インドのヴィダルバ地方生まれと推察される仏教僧。龍樹《りゅうじゅ》と記されることもある。のちに中観《ちゅうがん》哲学（空を中核とする仏教学派）と呼ばれることになった思想体系の始祖とされている。

物事の先と後。時間の先、つまり過去、時間の後、つまり現在あるいは未来、はそれぞれに独立した存在ではない。過去、現在、未来の区別は、ただ互いの依存関係を示しているにすぎない。

では、それらの時間の存在は何に依存しているのか。事象、つまりさまざまに起きる物事に依存している。その事象も互いの事象に依存しあっている。したがって、まず事象がなければ、時間もそこには存在しないことになる。

過去と呼ばれているものは、現在と未来に依存しているからこそ過去と呼ばれるのであり、現在と未来と呼ばれているものは同じように過去に依存している。だから、時間の流れといったものもまた独立して存在することはない。

それらは依存関係によって存在しているように見えているだけだ。したがって、仏教用語でいえば、「空《くう》」の存在である。

こういうふうに、依存しているから存在していない、というナーガールジュナの考え方は仏教の「空」の思想から来たものです。

仏教では、互いに関係性を持っているものすべてを空とします。たとえば、右手は空です。なぜならば、左手があるからこそ、右手というものがありえる。そこに依存関係があり、その関係があってこそ成り立つものを空と呼びます。要するに、空とはそれ自体では存在しえないことを意味するのです。そういうふうに考えると、あらゆるものが空なのだとわかります。

84 時間とは「量」か、「質」か?

「時間は純粋持続である」

――アンリ・ベルクソン

ベルクソンの時間論は、30歳のときの学位論文「時間と自由」(1889)から始まっています。この論文の原題が「意識に直接に与えられたものについての試論」となっているように、時間は意識に直接に与えられているものの一つだと主張するのです。

つまり、時間は人の外を一定の速度で流れている(外在的な)何かではない、ということ

※129頁を参照

とです。

しかし、一般的には、時間や空間は空虚で等質的な何かと考えられています。そればかりか、多くの人は時間を目盛りのついた容器のようなものだとみなしています。だから、「まだ時間がある」とか「時間が残り少ない」と量の観念を用いるわけです。

それは、時間をあたかも物の一種か、空間のようにあつかっていることだとベルクソンは批判します。

わたしたちの意識を流れる時間は、そのようなものではないはずです。濃密な時間、退屈な時間といったことを感じるように、時間は「質」であるはずなのです。そしてベルクソンは時間を「純粋持続」と名づけました。

純粋持続とは、次々に起きていく質的な変化の連なりのことです。その変化は一つずつの輪郭を持たず、互いに溶けあい、浸透しあっているものです。

たとえば、音楽のメロディもこの純粋持続の一つです。ある楽曲に含まれている一音ずつをばらばらに聴いても、それはメロディとしては聞こえません。その音楽に使われている音が楽譜通りに奏でられたときのみメロディとなります。全体のその流れが純粋持続だからです。

わたしたちの意識にとっての時間もそのようなものだとベルクソンはいうのです。しかも、その時間にあっては感情、記憶がひっきりなしに現れては相互に混じりあい、持続していくのです。

85 「過去」と「未来」の正体とは？

「過去は現在における記憶であり、未来は現在における期待である」

——アウグスティヌス

アウグスティヌスは、キリスト教信者であり司教でもあるため、時間は神によって創造されたものだと信じています。ですから、神は恒常《こうじょう》（永遠に存在していること）していますが、時間はいつまでも存在しているものだとは考えません。それを踏まえたうえで、時間とは何かについて、『告白』の第11巻で考究しています。

354～430　北アフリカのタガステ（現在のアルジェリア）生まれ。ローマのキリスト教会の司教、神学者。教会博士の称号を受ける。

それによると、過去と未来は今ここに存在しているものではありません。存在しているのは、ただ現在だけです。では、過去と未来とは何か。過去とは、現在の自分が持っている心象《しんしょう》と記憶を材料として眺めたものとなります。そして、未来とは、現在の自分から想像したところのこれからの期待なのです。

よって、「過去―現在―未来」という三つの時間の存在の仕方は、いつの場合も自分が関与していて、かつ、自分の心の拡がりに依存しているということになります。アウグスティヌスはこう書きます。

「おそらく、厳密にはこういうべきであろう。〝三つの時がある。過去についての現在、現在についての現在、未来についての現在〟

じっさい、この三つは何か魂のうちにあるものです。魂以外のどこにも見いだすことができません。過去についての現在とは〝記憶〟であり、現在についての現在とは〝直観〟（引用者注　ちなみに、ここにある「直観」とは何も特別なことではなく、目前のものを見るという単純な意味）であり、未来についての現在とは〝期待〟です」（山田晶訳）

したがって、長い過去があるというならば、それは過去についての長い記憶があるということであり、長い未来があるというならば、未来に対して大きな期待を今の自分が持っていることを意味するというのです。

86 時間とは〝一瞬〟の集まりなのか？

「放たれた矢は飛んでいない」

――エレアのゼノン

運動ということをどうしても否定したかったゼノンは、「弓から放たれた矢は飛んでいない」というパラドックスを主張しました。その理由は、「矢は、それぞれの一瞬においては静止しているからだ」というものです。

有名になったこのパラドックスのおかしな点は、前提として時間というものが無数の瞬間の集まりだと決めつけていることです。量のようにイメージされることがある時間

紀元前490頃〜前430頃　エレア（南イタリア）の生まれ。哲学者パルメニデスの養子。さまざまなパラドックスを考案した。

を、実際にも量だとしてしまっているのです。

一瞬をごく小さな単位だと仮定したとしても、時間は粒の集まりだとはいえません。時間はずっと流れているものだと考えるのがふつうです。たとえ一瞬の間であろうとも、その一瞬には時間の幅というものがあり、その幅の中において矢はあいかわらず飛んで動いていると考えるべきでしょう。

有名になったもう一つのアキレウスと亀のパラドックスは次のようなものです。

アキレウスはギリシア神話に出てくる英雄の一人で足が速いので有名です。ゼノンは、アキレウスと亀が競走しても、アキレウスは決して亀に追いつけないというのです。

ハンディキャップをもらった亀がいくらか先の地点から走り始めた場合、亀がいた地点にアキレウスがあとから達したとしても、亀はすでにその先の地点に進んでいます。そこにまたアキレウスが達しても、亀はもう少しだけ先の地点にいることがくり返されるからだというわけです。

このパラドックスのトリックは、距離を無限に小さく刻んでいるところにあります。

87 「時間」と「意識」の関係とは？

「直近の過去は見かけの現在だ」

――ウィリアム・ジェームズ

ついさっきそこで起きたことは過去に属する事柄であるはずなのに、わたしたちは今起きたことだと受けとめています。

では、「ついさっき」というのは「今」でしょうか。

この質問に多くの人はおそらく、「ついさっき」は「今」ではない、「今」は今この瞬間のことだと答えるでしょう。

では、なぜわたしたちはついさっきに起きたことを今起きたことだと受けとめているのでしょうか。

この不思議な「今」について、意識の流れの理論を提唱したことで有名なウィリアア

1842〜1910 アメリカ生まれ。ハーヴァード大学で生物学と医学から心理学に転じ、さらに哲学を専攻する。ハーヴァード大学教授。プラグマティズムで有名。

ム・ジェームズは『心理学原理』（1890）で、「見かけの現在」（specious present）という表現を使っています。

ある（それほど長くない）時間の幅を持った直近の過去が「見かけの現在」（あるいは、ニセの現在）です。

この「見かけの現在」においてわたしたちは（自分の意識にとっての）何か一連の経験をしているのです。

一連の経験とは、それぞれにつながりのないブツ切りのいくつもの経験のことではなく、意識の連続性がともなった経験です。

そういうふうに自分の意識が連続しているからこそ、その間が自分にとっての「今」となるというわけです。

つまり、時間の「今」という感覚は、自分の意識のありかたと密接に結びついているというわけです。

88 「時の流れ」とは、どのようなものか？

「メロディがわかるのは過去把持と未来予持があるからだ」

――エドムント・フッサール

たった今奏《かな》でられた楽曲のそれぞれの音は、すぐに消えて過去へと遠ざかっていきます。そうしてここにはなくなってしまっているのに、わたしたちにはメロディとして聞こえているし、その楽曲の全体を美しい流れとして楽しむことができます。

この謎について、フッサールは「過去把持《はじ》」という仮説の概念を使って考えました。これは、今しがた響いた音のいくつかをまだ自分の手に持っているといったイメージです。

だから、すでに響いた音と今新しく聞こえている音がつながるわけです。それは、あたかも夜空を飛ぶ彗星《すいせい》の尾が輝いて見えるようなものです。

1859～1938　オーストリア生まれ。数学の博士号を取得してから哲学に転じる。フライブルク大学哲学教授。

そしてさらには、これまでに聞こえたいくつかの音のからみぐあいから次に響いてくるべき音を予期します。

これをフッサールは「未来予持《よじ》」と名づけました。この「過去把持」と「未来予持」が同時にここにあるから、流れてくる音のいくつかがなめらかなメロディとなって聞こえるというわけです。

また、フッサールは「過去把持」を第一次的記憶と呼びました。一方で、ふつうの記憶のほうは第二次的記憶と呼びます。

ふつうの記憶は想起することによって手元に現れるから、持っているという意味の「把持」をあてがわないのです。むしろ戸棚にしまってあったものから引き出してくるという感覚であり、それが「想起」なのです。

Column

思考実験No.6

「トロッコ問題」

「正しさはどこにあるのか」

フィリッパ・ルース・フット
1920〜2010　イギリス生まれ。オックスフォード大学で学び、カルフォルニア大学ロサンゼルス校で教える。メタ倫理学者。

正答を導きだすことが困難な思考実験の一つである「トロッコ問題」は、1967年に哲学者フィリッパ・ルース・フットが提出したものです。この思考実験はマイケル・サンデルの『これからの「正義」の話をしよう』（2009　原題はJUSTICE）で広く有名になり、その記載のほうをまとめると次のようになります。

「あなたは路面電車の運転士だ。電車は時速96キロで走っている。前方の線路上には5人の作業員が立っていた。ところがブレーキがきかない。このままではその5人を轢《ひ》くことになる。右側にそれる待避線に電車を向ければ5人を轢くことはないが、待避線にも1人の作業員がいる。どうすればいいのか」

一般的にこの思考実験は、答えようとする人の中にある功利主義と義務論のジレンマを引き起こすものだとされています。功利主義とは、つねに最大多数の幸福をめざす態度です。その功利主義にしたがうならば、線路上の5人を轢くよりも待避線にいる1人を轢くことになります。

義務論とは、自分の行為が他人も行なうべき普遍の行為であるようにする、ということです。つまり、自分のみにとっての正しさではなく、全体の正しさに沿うものでなければならない、とすることです。この義務論にしたがえば、待避線に電車を向けることができなくなります。なぜならば、その行為はその1人の作業員の死を選ぶということになってしまうからです。

ともあれ、答えようとする人の思想の傾向以上に、情実がからんでくれば問題はさらにややこしいものになります。たとえば、この作業員の中にわたしたちの兄弟や関係者がいたら、判断がたちどころに変わるのではないでしょうか。あるいはまた、明日になればわたしに借金を返してくれるという債務者がいたらどうでしょう。作業員の一人が自分をじっと見ていたらどうでしょう。いずれにしても、どう決断してもわたしたちに心の強い痛みをもたらすのではないでしょうか。

そして、そもそもこのトロッコ問題の全体が、死ぬことは一つの災厄《さいやく》や喪失だという世間的な価値観の上に立っているものではないでしょうか。死が、あるいは死と呼ばれている事態が、本当は何をもたらすものなのか、あるいは悲しみ以外の何をもたらさないものなのか、わたしたちは知ってはいないはずなのです。

Part 7

霊魂についての仮説

89 人は、死んだらどうなるのか？

「魂は不死であり、転生する」

——ピタゴラス

ピタゴラスはクロトン（現代のイタリア南部）に教団（哲学的・宗教的・修道的共同体）を創設して運営していましたが、300人ほどの成員たちが秘密を厳守していたため、その教説内容についてはくわしくはわかっていません。

それでもいくつかのことが漏れ伝えられており、その一つは魂の不死について教えていたことです。

ピタゴラスによれば、魂は不死であり、身体が死ねば分離して他の種類の生物へと入り住むといいます。

これを「必然の輪」と表現していましたが、これは世界で初めて公然と述べられた輪

紀元前580頃～前496（現在のトルコ沿岸の）サモス島生まれ。弟子たちとの共同体をつくった。数学者、神秘主義者。殺されたと伝えられる。

廻転生（メテムプシュコシス）の説だとされます。

ピタゴラス自身も転生していて、２０７年の間冥界《めいかい》（あの世）にいたのち、もう一度この世に生まれたのだというのです。

魂は、知能、理性、感情の三つの部分に分けられます。理性は人間にしかありません。そして、魂が占める領域は脳から心臓までです。

その魂の力が弱くなると肉体と結合していられなくなり、さまようことになります。それが清浄な魂ならば、ヘルメス（神）につきそわれて高い場所に行きますが、不浄な魂はエリニュス（復讐鬼）によって強い束縛につながれてしまうといいます。空気全体は魂で充満していて、その魂がダイモーンと呼ばれているものです。

ピタゴラスの秘密結社的共同体には、理由のはっきりしない奇妙な禁止事項がいくつもあり、ソラ豆を食べてはいけないというのもその一つでした。理由は、ソラ豆は霊魂を受け入れる住み家だからであり、そしてまた、発芽している豆の芽は、人間の胎児のように見えるし、つぶした豆の種子を陽にさらすと、人間の精液のような匂いがするからだというのです。

その他に、気軽に握手をしてはならない、白いオスの鶏にさわってはならない、ランプのそばで自分を鏡に映してはならない、パンを引き裂いてはならない、心臓を食べてはならない、起床するときは寝具をそのままにしてはならない、鉄の刃物で火を掻き起こしてはならない、指輪に神の像を刻んではならない、国の外に出ようとしているときは振り向いてはならない、などいった禁止事項がたくさんありました。

これら禁止行為の理由は、たとえば、「心臓を食べてはならない」は悲しみや苦悩で心を乱してはならない、「国の外に出ようとしているときは振り向いてはならない」は死に臨んだときには執着を残すな、といった提喩《ていゆ》（比喩の一種）の表現だったようです。

ピタゴラスの主張によれば、人生の目標は輪廻転生の循環から抜け出すことでした。その目的のために、瞑想《めいそう》や数学などの学問的研究が必要だとしたのです。結局、その研究によってピタゴラスは音階の数比を発見し、数学ではいわゆるピタゴラスの定理（直角を含むあらゆる三角形の斜辺の自乗は、残る二辺の自乗の和にひとしいという原理）を明らかにしました。

また、アリストクセノス（前375〜前335　アリストテレスの門下生で音楽論『ハル

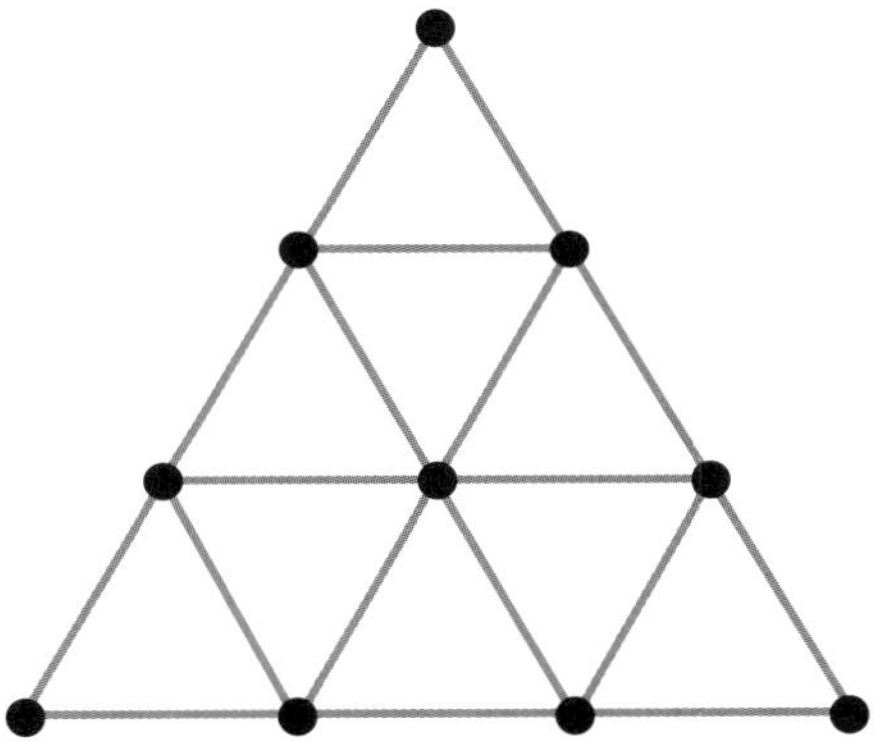

ピタゴラスのテトラクテュス

モニア原論』を書いた）は、ピタゴラスが最初に度《ど》量衡《りょうこう》（単位制度）を導入したといい、パルメニデス（前520～前450哲学者で著書の『自然について』の一部が残る）は、宵《よい》の明星と明《あ》けの明星は同じものだと最初にいったのはピタゴラスだといっています。

　ピタゴラスは、数こそが形を統率していると信じていました。特に10を完全な数とみなし、その10の点を三角形に配置したテトラクテュス（4つであることという意味）を、創造と終末、生と死を一巡する世界秩序の象徴として神聖視し、教団の紋章ともしました。

90 「善い魂」とは？

「魂は流転する」

——ヘラクレイトス

絶え間ない変化が世界の常なるありかたであり、いっさいは永遠に生きる火（本書94頁参照）とダイモーン（鬼神）である、と当時から奇人として知られ、「闇の人」と呼ばれていたヘラクレイトスは主張しました。すべてが火であり、火こそ原型的な物質形態だというのです。

また、「雷電が万物の舵《かじ》を取る」（ディアーネ・コリンソン『哲学思想の50人』青土社）と書き残しています。

さらにヘラクレイトスは、人間の魂もまた火であり、永遠に流転していくといいます。これは、魂が人間の内部にあるのだという、古代にあっては新しい考え方でした。

※94頁を参照

その火が濃密になると湿ったものになり、さらに凝縮されると水になります。水が凝固すると土になってしまうといいます。

この過程は「下への道」と呼ばれ、死を意味しています。魂にとっても水になることは死です。

また、酒に酔った場合に、生き方がわからなくなってしまうことを「魂が湿る」と表現しました。

その反対に、乾いた魂がもっとも賢明だとされます。それが有徳な魂であった場合は死んでも水にならず、最後は宇宙の火の一部になるというのです。

水分が魂を死に近づけることをヘラクレイトスは本気で信じていたので、自分が水腫《すいしゅ》（体にリンパ液が貯留する病気）にかかったとき、牛の糞《ふん》を体にぬって太陽の下にいて糞と光の熱で体から水分を抜こうとして死んでしまったとも伝えられています。

91 人は「生まれ変わる」ことができるか？

「魂は輪廻をくり返す」

――エンペドクレス

エンペドクレスは『自然について』（ペリ・ピュセオース）の断片で、万物の元素は火・土・空気・水の四つだとしました。

この四つ「根」（リゾーマタ）は不滅であり、その割合だけが変化して、宇宙全体を成立させている。星は火の「根」の集まりとなります。

世界のあらゆるものの変化の運動を引き起こしているのは、引力である「愛」（フィリア）と、その反発力である「憎しみ」（ネイコス）です。生物においてもその動きは同じです。

「愛」が完全に支配しても、「憎しみ」が完全に支配しても、物事は生成されなくなる

紀元前492頃～前432頃　シチリア島の名家の生まれ。詩人、哲学者、医師、神学者、政治家。自分が神として崇《あが》められるためにエトナ火山に身を投げたという言い伝えがある。

のです。

オルフェウス教（古代ギリシアの宗教で、紀元前5世紀頃には聖典があり、魂の救済を教える。教徒は菜食主義を守っていた）の影響を受けた哲学詩『浄め』（カタルモイ）の断片においては、神は物質的な存在ではなく、神聖な精神であると書かれています。そして人間の魂は血液に宿っていて不死であり、輪廻するといいます。輪廻をくり返すことで過去の争いの罪をつぐなっていくというのです。

エンペドクレス自身もまた輪廻していて、過去の前世では少年少女、藪《やぶ》、鳥、魚であったといいます。

エンペドクレスのこういう世界観は、ルネッサンス期まで西欧の考え方に大きな影響をおよぼしていました。

92 「哲学」と「死」の関係とは？

「魂は真理を知りたがる」

――プラトン

プラトンは、師のソクラテスが魂についてどう考え教えていたのかを『パイドン』に書き残しています。

それはソクラテスが不敬神の罪状で死刑に定められた最期の一日に交わされた議論だったといいます。

そのソクラテスの見解をまとめれば、だいたい次のようになります。

人間の中には魂がある。その魂は、真の実在、つまり真理を得ようとしている。

しかし、この世で肉体を持っている限り、肉体は魂のその動きをかき乱している。なぜならば、肉体があることによって、肉体の養育のためにしなければならないことが多

※59頁を参照

く生まれてくるし、さらに病気、欲望、愛欲、恐怖、幻影、たわ言《ごと》、金銭の獲得、戦争などで手いっぱいになってしまうからだ。

「もし私たちがなにかを清浄に知ろうとするならば、肉体から切り離されるべきであり、魂それ自体によって物事それ自体を観なければならない」（納富信留訳）

死は、神の配慮によって、肉体から解放されることだ。肉体からのその分離のときに、わたしたちの魂はようやく純粋なものすべてを認識することができるようになる。（この「純粋なもの」、真の実在、真理とは、イデアのことです。イデアとは、真・善・美などが純粋に現れているものです）

わたしたちを縛っている肉体からの解放と分離、これこそが哲学者が練習してきたものだ。

だから、哲学をするとは死の練習をすることだ。そして、魂は新しく転生する。

魂は、肉体を支配して導く。魂はまた、生をもたらすものだ。魂は不死で不滅である。

93 わたしたちを「生かしている」ものは、何か？

「プシュケーが生かしている」

——アリストテレス

魂は古代ギリシア語でプシュケーといいます。これは、気息、微風という意味です。つまり、呼吸、息がプシュケーです。英語ではSoul《ソウル》と訳されます。またラテン語ではアニマになります。したがって、アニマルは生きている動物を指します。このようにプシュケーは必ず「生」と関連していて、「生」の原理となっているものなのです。

アリストテレスが『心とは何か』（原題は「心について」）で述べているのが、このプシュケーの働きについてです。つまり、プシュケーとは生かす働きを持っているものだとしているのです。そしてこのプシュケーは、生物の感覚、記憶、理性、意思などに関わります。

※17頁を参照

ところで、アリストテレスはあらゆる個物の実体は「質料《しつりょう》」と「形相《けいそう》」からできているとしました。「質料」とは要するに材料のことです。「形相」とは、そのものに性質を与えるもののことです。この二つは分離できず、セットとして内在しています。

そういう意味で、プシュケーは身体の「形相」なのです。

身体とプシュケーが結合しているのが生き物ですから、生き物が死ねば当然ながらプシュケーも失われることになります。これは心身一体の説です。そして、生物ごとにそれぞれ固有のプシュケーを持っているのだとアリストテレスは考えます。動物のプシュケーは高次であり、植物のプシュケーは低次だというのです。

魂についてのこういったアリストテレスの考えとは正反対の考え方をしたのが、中世の（キリスト教の）スコラ哲学者たちです。彼らは、プシュケーは死後にも残って救われる可能性があり、また生物ごとではなく、各人ごとにプシュケーの個人差があると考えました。なぜかというと、そういうふうに考えでもしないとキリスト教による救いの教えが成り立たなくなるからです。

94 「肉体」と「魂」、どちらが先か？

「霊魂は独立している」

——イブン・シーナー

イブン・シーナーは『救済の書』（死後に遺稿を編纂したもの）で、霊魂は植物霊魂、動物霊魂、人間霊魂の三種類があると述べています。そして、「霊魂は単一な実体であり、この実体に多くの能力が備わっている」（小林春夫訳　以下同）とします。

シーナーはだいたい次のようなことを述べています。

霊魂は肉体以前には存在しない。「霊魂はそれが用いるのに適した肉体の生成と同時に生成するのである。そして生成した肉体とは霊魂が支配する領土であり、その道具である」

霊魂が身体の「形相《けいそう》」（本書261頁参照）である。

（アラブ名。ラテン名はアヴィケンナ、あるいはアヴィセンナ）980〜1037（現在ではウズベキスタンにある）ブハーラー生まれ。イスラム世界での高名な医学者、アリストテレスを学んだ哲学者。著書の医学書『医学典範』と哲学書『治癒の書』が有名。

霊魂も肉体も実体だが、肉体が死んでも霊魂は死なない。

しかし、霊魂の輪廻はありえない。

イブン・シーナーは、アリストテレスを研究していたのですが、魂は肉体とともにあるというアリストテレスの心身一体説の考え（本書260頁参照）とは反対に、霊魂は身体から独立した実体なのだとしたところにその思想の特徴があります。

では、なぜ霊魂は身体から独立した実体なのか。イブン・シーナーは「宙に浮く人間」と呼ばれる思考実験をします。これは、目隠しをされて宙に浮いている人間の感覚を考えてみようということです。四肢は何にも触れることができず、身体のすべての感覚器官の働きは奪われている状態です。

それでもなおその人が最初に持つ意識は、自分がここにいるということだろう、とシーナーは考えます。いっさいの感覚を持ちえない状況なのですから、その意識は身体とは関係のないものです。それは何だろうか、とイブン・シーナーは問います。

その自分こそ身体から区別可能なものであり、霊魂だというのです。さらに、その霊魂は自意識を持っているのです。物質ではないのに自意識を持っているものが確かにここにあります。これは実体であると考えざるをえません、と主張します。
こういうふうに自分が思うことに重きを置く考え方は、それから600年後に現れるデカルトの「われ思う、ゆえにわれあり」とほぼ同じものです。

95 「魂」は、存在するのか？

「霊魂などはバケモノだ」

——鈴木大拙

ZEN（禅）という言葉を講演と著述で世界に広めた鈴木大拙《だいせつ》は、短文「霊魂の有無と信仰の退不退」（1903）で、世間の人がいうところの霊魂という概念と仏教の「我」という概念は人の想像の上に浮かんだ一つの迷信にすぎない、それらは「幽霊のようなうやむやのもの」と断じています。

1870〜1966　石川県生まれ。東京専門学校、帝国大学哲学科選科で学び、ヨーロッパ各国を歴訪。大谷大学教授、コロンビア大学客員教授。ZEN（禅）を世界に伝える。

霊魂や「我」のような概念は、家という概念の場合と同じだといいます。

つまり、家は土台があり、そのぐるりを壁でつなげ、全体を屋根で覆い、ところどころに窓や入口をつくり、屋内をそれぞれに区切って家となるように見えるわけだが、では家というものはたんに柱、基礎、壁が結合した集合体のことなのだろうか、という疑問を向けるのです。家という概念はそうではなく、実は一種の調和の状態を指しているのではないか、というわけです。そういう意味では、人体も同じなのです。

また鈴木大拙は、霊魂といったものは存在しないというと不安を覚える人が少なくないらしいが、それは物質的な考えにからめとられているからではないか、と指摘しています。（ここの原文は「思ふに庶子は余りに物質的思索にからめられ居れり」とあり、この「物質的思索」というのは、物事のすべてについて、自分の見聞と経験の範囲内でのみ認められた物理的な動きと同じようにしか、他のものについても想像していないということです）

そして、あれこれと考えて霊魂などという概念のバケモノをつかまえようとしても安心の材料とはならない、それよりも自分のこの心身にある大宇宙を見たほうがよいではないか、というのです。

96 「より善い魂」になるためには、どうすればいいか？

「魂は神へと帰っていく」

――プロティノス

プロティノスによる神秘的な哲学、つまり、弟子のポルピュリオスによって編纂された『エンネアデス』（301）によれば、世界は四つの階層から成立しているといいます。

その階層は上から下へ、「一者」（ギリシア語でト・ヘンといい、部分も区別もないものという意味で究極の存在を指す、また善でもある）、「知性」（ヌースと呼ばれ、イデアでもある）、「魂」（プシュケー）「物質」（物理的世界）となっています。

魂は物質である肉体をしたがえつつ、「知性」の光に向かい純化されていく可能性があるものです。そして魂はさらに「一者」へと上昇していく動きを持ちます。そもそも

205頃～270頃　エジプト生まれ。アレクサンドリアで学び、ペルシア・インドの哲学を知るためにローマ軍の遠征に加わってメソポタミアまで行く。ローマに移り、学問共同体を主宰。

魂はその「一者」から生まれてきたため、やがては「一者」へと帰還していくというのです。（ただし、それは容易なことではなく、プロティノスは4回ほど経験したといいます。またこのとき、忘我の状態であるエクスタシーが感じられたといいます）

また、それぞれの人の魂は三層から成り立っています。その三層とは、「意識下の部分」、「知覚や推理などを働かせる意識的部分」、「超意識的部分」です。

そういう魂の上昇はいわゆる自己超越なのですが、それができるためには、節制と正義、観照《かんしょう》（特殊な洞察《どうさつ》）、数学と問答法による魂の向上が必要だとされます。魂の生の目的は、ただただ「一者」と合一する瞬間に到達することです。

生前に不正を働いた者には死後に罰が待っているとも書いています。また、人間だった人が牛になるという輪廻転生のようなことについても書かれています。

さらにプロティノスは、なぜ実際に生きている容貌の劣った人のほうが美しい人の肖像よりも美しいかというと魂を持っているからであり、その魂が善とつながりを持っているからだ、といったことも書いています。

なお、プロティノスのこういう哲学は、西欧神秘主義の源泉だとみなされています。

そして実際にプロティノスの神秘的哲学はキリスト教の神学にとても大きな影響を与え

ました。

97 人間を「形成している」ものとは、何か？

「陰陽の気が人を生かす」

——四書五経

古代の中国人が霊魂についてどのように考えていたかは、霊魂を指す「魂魄《こんぱく》」という漢字表現に見られます。

万物の構成要素（あるいは原理）が陰と陽であるという古くからの考え方にもとづいて、「魂魄」の「魂」は精神（あるいは心）を統制する陽の気、「魄」は肉体をささえる陰の気とみなします。

この「気」とは、物事を成り立たせる材料のことです。ただし、陽の気がポジティヴ

中国の周《しゅう》の初め以前（推定紀元前11世紀）からあった筮竹《ぜいちく》（50本の竹ひご）を使う占いのための書『易経《えききょう》』の他、世俗化した道教、中国古代の民間信仰など。

で陰の気がネガティヴだという意味はありません。また、「魂」は肝臓に宿ってその人の成長に関与し、「魄」は肺に宿って人の骨格をつくるといいます。「気」は、漢方でいうところの「経絡《けいらく》」（代謝物質が流れる道）を通じてその人の体調をつくるのです。

要するに、「魂魄」が人間を形成しているということです。人が生の状態でいるとき、気は集まっています。それが「精気がある」状態です。その反対に気が散ってしまうと人は死ぬことになります。

人が死ぬと、「魂魄」は体の肛門から抜け出ると伝えられています。このとき、部屋は少し暖かくなるといいます。「魂」は魂気となって天に昇り、「魄」のほうは地に帰ります。就寝中に夢を見るのは「魂魄」がその人から遊離しつつあるからだといいます。またショック状態にあるときや重病のときも、「魂魄」は遊離しがちだとされます。

天に昇った「魂」は「神《しん》」と呼ばれ、地に帰った「魄」は「鬼《き》」と呼ばれます。それは質的な変化ではなく、たんに名称が変わっただけです。天に昇ったほうの「魂」はやがて祖霊となります。

ちなみに、中国には人が亡くなったときに身内の人たちが屋上で死者の名前を呼んで死者を蘇生させようとこころみる習俗儀礼がありますが、これは「招魂《たまよばい》」と呼ばれています。

中国映画で有名になった死体妖怪の一種である「キョンシー」は、「魂魄」の「魄」だけがこの世に残った状態だとされます。

98 理性とは、「特別なもの」なのか？

「身体こそ、人間の理性である」

――ニーチェ

いわゆるあの世や霊魂といった事柄に対して、ニーチェはアフォリズム集である『人間的、あまりに人間的』（1878〜）や哲学的寓話である『ツァラトゥストラ』（1883〜）で、「背後世界《はいご》（Hinterwelt《ヒンターヴェルト》）」に属するものとして一蹴《いっしゅう》します。

この「背後世界」とはニーチェによるドイツ語の造語であり、この現実世界の裏側に

1844〜1900 プロイセン王国の生まれ。ボン大学、ライプツィッヒ大学で哲学専攻。スイスのバーゼル大学教授。健康をこわして大学を離れてからは在野の哲学者。

あるとされる世界、霊や神が存在している世界、あるいはまた人間の思考から生み出された形而上学の世界を、ニーチェが嫌悪していいあらわしたものです。

なぜ嫌悪するかというと、その「背後世界」に真の価値を置き、現実の世界をないがしろにしがちだからです。哲学上でそれをまず行なったのはプラトンでした。なぜならば、プラトンはイデアがあるあの世こそ真実が存在する世界だとし、この世はその世界の影や反映にすぎないとしたからです。そのプラトン哲学から強い影響を受けたキリスト教神学でも同じで、あの世があると信じるように説いています。カント、ヘーゲル、ショーペンハウアーらの哲学もまた背後世界を前提としています。

そういう彼らに抗して、ニーチェは身体こそ理性であると主張するのです。一般的に理性はまだ解明されていない形而上のものとされているはずです。しかしニーチェは、身体こそが今ここにある具体的な理性そのものだというのです。そのことをツァラトゥストラにこのように語らせています。

「きみの身体のなかには、きみの最善の知恵のなかにあるより、より多くの理性がある。そして、きみの身体がなんのためにまさしくきみの最善の知恵を必要とするかを、いったい誰が知ろうか？」（吉沢伝三郎訳）

身体が理性だというこの主張は、理性が何か特別なものだと刷りこまれている人にはひどく奇妙に聞こえるでしょう。しかしこれは、たとえば自己保持のために身体がつねにベストの身体機能を働かせていることに気づけば容易に理解できることです。

99 「最高の死に方」とは?

「好きなふうに生きて死のう」

——楊朱

楊朱《ようしゅ》の書物は残っておらず、『孟子』(本書205頁参照)や『列子』(本書274頁参照)にその思想の一部が記されているだけです。孟子は、楊朱を利己主義者と評しています。『列子』には「楊朱篇」がもうけられ、楊朱の思想が断片的に描かれています。それによれば、楊朱の社会観や人間観は次のようなものです。

紀元前370頃~前319頃　一時は影響力の強かった思想家らしいが、人物像は不詳。

実質のある者が必ずしも名声を受けるとは限らない。人はしかし、富がほしいがために名声を求め、地位を求める。自分がいずれ死ぬからこそ、富で子孫を幸福にしようと、苦しい目にあっても名声や地位を求める。しかし、名声を受ける者は実はそれにそぐわない者ばかりなのだ。

この世に生を受けたならば、自分の性質のままに好きなことを勝手にやって寿命が来るのを待つのがよい。力ずくでなんとかしようとせず、ただなりゆきにまかせることだ。そうすれば、早いだの遅いだのといった文句がなくなる。

他人のために自分を犠牲にしないこと。また、他人を自分の手段に利用しないこと。わが身は自分のものではない。だから、大切にしなければならない。

人は四つの願いを持っている。長生きしたい、名誉を得たい、地位を得たい、金がほしい、の四つである。この四つの欲望を持つ人は、死人を怖がり、他人を、権力を、刑罰を怖がる。要は、逃げまわる人であり、そのすべてを他人に握られている。しかし、この四つの欲望を持たずに素直に生きている人は、世の中に怖いものなどないのだ。

100 「やすらかな死」とは、どういうものか？

「死は生かもしれない」

――列子

『列子《れつし》』の内容は『老子』や『荘子』から影響を受けた寓話《ぐうわ》や考え方が少なくありません。また、仏教から影響を受けたであろうと見られるものもあります。その『列子』には次のようなことが書かれています。

・死は休息であり、道《タオ》の根源に帰ることである。
・若いときに人並みの努力をせず、他人に負けまいとも思わずに生きてきたからこれほどの長生きができる。そして妻子もいないから心配もなく、死ぬ日まで気楽でいられるのだ。

人物像は不詳。荘子以前の戦国時代の道家の一人とされる。列子は列禦《れつぎょ》寇《こう》の尊称。

・ここで死と呼ばれるものは、よそでは生かもしれない。

・大切なのは、虚であり、静であり、無である。そうであってこそ、平安な真実の道にいられる。

・天地が崩れるかどうか、とか、生と死がどうか、とか悩んで心を疲れさせてはならない。

・泳ぎの名人は、水の自然の働きの道と一体化しているのである。

・自分が充実したり消耗《しょうもう》したりすることは、みな天地と関連しているからである。

・夢を見るのは精神の現象であり、感覚の現象は出来事である。どちらも真実ではなく、そこにあるのは変化だけである。

『時間は実在するか』入不二基義／講談社現代新書
『「時間」を哲学する』中島義道／講談社現代新書
『現代訳　正法眼蔵』禅文化学院編／誠信書房
『正法眼蔵』道元／石井恭二注釈・現代訳／河出書房新社
『正法眼蔵の世界』石井恭二／河出文庫
『正法眼蔵入門』頼住光子／角川ソフィア文庫
『コスモスとアンチコスモス』井筒俊彦／岩波文庫
『イスラーム思想史』井筒俊彦／岩波書店
『イスラーム哲学の原像』井筒俊彦／岩波新書
『世界の名著 31　ニュートン』河辺六男責任編集／中央公論社
『聖書』フランシスコ会聖書研究所訳注／サンパウロ
『聖書思想事典』X. レオンデュフール編集委員長／三省堂
『時間と自由』ベルクソン／中村文郎訳／岩波書店
『時間と自由』ベルクソン／平井啓之訳／白水社
『ベルクソン　人は過去の奴隷なのだろうか』金森修／日本放送出版協会
『世界の名著 14　アウグスティヌス』山田晶責任編集／中央公論社
『これからの「正義」の話をしよう』マイケル・サンデル／鬼澤忍訳／早川書房
『哲学思想の 50 人』ディアーネ・コリンソン／山口泰司／阿部文彦／北村晋訳／青土社
『パイドン―魂について』プラトン／納富信留訳／光文社古典新訳文庫
『ギリシア哲学史』納富信留／筑摩書房
『中世思想原典集成 11　イスラーム哲学』上智大学中世思想研究所編訳・監修／平凡社
『鈴木大拙全集　別巻 1』岩波書店
『四書五経入門』竹内照夫／平凡社
『ニーチェ全集 9』吉沢伝三郎訳／ちくま学芸文庫
『普遍論争』山内志朗／哲学書房
『死後の世界』田中純男／東洋書林
『時間のパラドックス』中村秀吉／中公新書
『不老不死という欲望』三浦國雄／人文書院
『世界古典文学全集 7　仏典Ⅱ』中村元編／筑摩書房

『ヴァルター・ベンヤミン著作集２　複製技術時代の芸術』佐々木基一編集解説／晶文社
『新訳ベルクソン全集３　笑い』アンリ・ベルクソン／竹内信夫訳／白水社
『世界の名著 27　ロック　ヒューム』大槻春彦責任編集／中央公論社
『なぜ私は私であるのか』アニル・セス／岸本寛史訳／青土社
『超要約　哲学書 100 冊から世界が見える！』白取春彦／三笠書房
『主観的、間主観的、客観的』ドナルド・デイヴィドソン／清塚邦彦他訳／春秋社
『認知哲学』山口裕之／新曜社
『シリーズ心の哲学Ⅰ人間篇』信原幸弘編／勁草書房
『心とは何か』アリストテレス／桑子敏雄訳／講談社学術文庫
『新約聖書』フランシスコ会聖書研究所訳注／サンパウロ
『世界の名著 30　スピノザ　ライプニッツ』下村寅太郎責任編集／中央公論社
『人知原理論』ジョージ・バークリー／宮武昭訳／ちくま学芸文庫
『ウィトゲンシュタイン全集８』藤本隆志訳／大修館書店
『心・脳・科学』ジョン・サール／土屋俊訳／岩波書店
『意識する心』デイヴィッド・J・チャーマーズ／林一訳／白揚社
『心と身体の哲学』スティーブン・プリースト／河野哲也他訳／勁草書房
『マインド・タイム』ベンジャミン・リベット／下條信輔・安納令奈訳／岩波書店
『意識はどこから生まれてくるのか』マーク・ソームズ／岸本寛史・佐渡忠洋訳／青土社
『世界古典文学全集 37　モンテーニュⅠ』原二郎訳／筑摩書房
『人類の知的遺産６　墨子』本田済／講談社
『中国の思想Ⅻ　荘子』岸陽子訳／徳間書店
『韓非子』冨谷至／中公新書
『哲学探究』ルートヴィヒ・ヴィトゲンシュタイン／丘沢静也訳／岩波書店
『中国思想史』加藤常賢監修／東京大学中国哲学研究室編／東京大学出版会
『諸子百家〈再発見〉』浅野裕一・湯浅邦弘編／岩波書店
『中国哲学史』中島隆博／中公新書
『諸子百家』湯浅邦弘／中公新書
『教養としての中国古典』湯浅邦弘編著／ミネルヴァ書房
『世界の名著 10　諸子百家』金谷治責任編集／中央公論社
『世界古典文学全集 19　諸子百家』貝塚茂樹編／筑摩書房
『中国哲学を学ぶ人のために』本田濟編／世界思想社
『新書漢文大系 24　列子』小林信明著／西林真紀子編／明治書院
『時間の非実在性』ジョン・エリス・マクタガート／永井均訳／講談社学術文庫

引用・参考文献

『世界の名著 38　ベンサム　J.S. ミル』関嘉彦責任監修／中央公論社
『ラッセル幸福論』安藤貞雄訳／岩波文庫
『エロティシズム』ジョルジュ・バタイユ／澁澤龍彥訳／二見書房
『幸福論』ジグムント・バウマン／山田昌弘解説／高橋良輔・開内文乃訳／作品社
『人生の短さについて』セネカ／茂手木元蔵訳／岩波クラシックス
『世界の名著 13　キケロ　エピクテトス　マルクス・アウレリウス』鹿野治助責任編集 ／中央公論社
『生きるということ』エーリッヒ・フロム／佐野哲郎訳／紀伊國屋書店
『世界の名著 24　パスカル』前田陽一責任編集／中央公論社
『パスカル冥想録』由木康訳／白水社
『ショーペンハウアー全集 11』金森誠也訳／白水社
『世界古典文学全集 23　プルタルコス』村川堅太郎編／筑摩書房
『インド思想史』湯田豊／大東出版社
『ギリシア哲学者列伝』上中下　ディオゲネス・ラエルティオス／加来彰俊訳／岩波文庫
『物語 ギリシャ哲学史』ルチャーノ・デ・クレシェンツォ／谷口勇訳／而立書房
『哲学　原典資料集』山本巍・今井知正・宮本久雄・藤本隆志・門脇俊介・野矢茂樹・高橋哲哉／東京大学出版会
『哲学大図鑑』アン・ルーニー／青木滋之監訳／原田美也子訳／ニュートンプレス
『純粋理性批判』カント／篠田英雄訳／岩波文庫
『世界の名著 10　ショーペンハウアー』西尾幹二責任編集／中央公論社
『ウィトゲンシュタイン全集 6』大森荘蔵・杖下隆英訳／大修館書店
『人間の条件』ハンナ・アレント／志水速雄訳／中央公論社
『哲学入門』バートランド・ラッセル／髙村夏輝訳／ちくま学芸文庫
『現代哲学』バートランド・ラッセル／髙村夏輝訳／ちくま学芸文庫
『我と汝』マルティン・ブーバー／野口啓祐訳／講談社学術文庫
『生命の劇場』ヤーコプ・フォン・ユクスキュル／入江重吉・寺井俊正訳／博品社
『シンボル・技術・言語』エルンスト・カッシーラー／篠木芳夫・高野敏行訳／法政大学出版局
『人間』カッシーラー／宮城音弥訳／岩波文庫
『西洋古代・中世哲学史』クラウス・リーゼンフーバー／平凡社ライブラリー
『現代認識論入門』上枝美典／勁草書房
『心の分析』B. ラッセル／竹尾治一郎訳／勁草書房

哲学者《てつがくしゃ》たちが考《かんが》えた100の仮説《かせつ》

著　者――白取春彦（しらとり・はるひこ）

発行者――押鐘太陽

発行所――株式会社三笠書房

〒102-0072 東京都千代田区飯田橋3-3-1

https://www.mikasashobo.co.jp

印　刷――誠宏印刷

製　本――若林製本工場

ISBN978-4-8379-4004-3 C0030